Легенды

Дмитрий Мамин-Сибиряк

СОДЕРЖАНИЕ

МАЙЯ

I

Шум жестокой сечи стихал... Разбитый наголову неприятель бежал, оставив победителю родной город Гунхой. Часть победителей порывалась в погоню, без пощады убивая всякого, а другая часть, с ханом Сарымбэть во главе, приготовлялась занять открытый город. Издали это был настоящий пчелиный сот из низеньких белых домиков с плоскими кровлями, глухими белыми стенами и узкими грязными уличками. Отдельно возвышались купола мечетей и стройные иглы минаретов, отдельно стоял дворец бежавшего хана Олоя, потонувший в зелени садов.

—Пленных не будет,—говорил молодой хан Сарымбэть, подъезжая к городским воротам.—Победу даёт Аллах... Город будет могилой для тех, кто был нашим врагом больше ста лет. Развалины покажут нашим потомкам, как мы умели мстить нашим врагам. Пленных не будет, а победу даёт Аллах.

Красив хан Сарымбэть, молод, полон отваги, настоящий молодой лев, который в первый раз отведал горячей крови. Но жестокие слова сказал не он, а их придумала старая голова главного ханского советника Кугэй. Беззубый старик точно для того прожил восемьдесят лет, чтобы внушить молодому хану жестокие слова.

—Так нужно, хан, так нужно,—шамкал старик, едва держась в своём мягком седле.—Аллах даёт победу, но нужно уметь ею воспользоваться... Недаром наша кровь лилась целых сто лет. Огонь гасят огнём, а кровь кровью.

Хищный старик заметил колебание на лице молодого хана, в

1

его глазах мелькнула жалость, и Кугэй залил её ядом своих старых слов.

Молча махнул рукой хан Сарымбэть, и тысячи всадников ринулись грабить беззащитный город, в котором оставались старики, женщины и дети. С гиком неслась страшная смерть... В городе некому было даже защищаться, а только протягивались беззащитные руки с мольбой о пощаде. Но ханское слово—закон, и пустели одна улица за другой, каждый шаг вперёд усеян был трупами, а по канавам лилась кровь, как вода. Кто умирал под ударом сабли, кто был приколот пиками, многие растоптаны лошадиным копытом, а детей разбивали головками о каменные стены родных домов. Это была настоящая бойня, целый ад... Тысячи людей столпились на базаре, в мечетях и около мечетей—их и убивали тысячами, точно человеческую жизнь косила острая коса, а смерть висела в воздухе.

Хан Сарымбэть смотрел на побоище из своей ставки и слышал только отчаянные вопли, заглушаемые весёлым гиканьем победителей. Восточная часть города уже горела, и некому было тушить огонь. Показалось облако дыма и в противоположной стороне.

—Я хочу видеть город, —заявил хан Сарымбэть.

Старый Кугэй нахмурился, но спорить не смел.

Хан Сарымбэть въезжал в Гунхой, окружённый блестящей свитой, точно всходило утреннее солнце. Несчастный город был завален трупами, залит кровью, лютое пламя довершало жестокое дело человеческих рук. Не смущалось сердце хана пылом кровавой сечи, когда он летел впереди других, а тут и он задумался, когда редкой красоты его боевой конь начал храпеть и шарахаться в сторону при виде тёплых трупов. Убитые старики, женщины и дети загораживали дорогу. Белые стены сбитых из глины домиков были обрызганы кровью. Лошадь хана фыркала и дрожала. Сам хан Сарымбэть опустил голову, поражённый страшной картиной всеобщего избиения. А там — заваленный трупами базар, площадь перед мечетью... трупы, трупы и трупы.

Оставался нетронутым один ханский дворец, оцепленный стражей. В нём было тихо, как в могиле.

— Едем назад, — сказал Кугэй.

Но тут случилось что-то необыкновенное. Из дворца вырвалась целая толпа женщин и бросилась навстречу молодому победителю. Они бежали с распущенными волосами, обезумев от страха, бросались ниц, моля о пощаде. Другие хватались за стремена и целовали ханские ноги, полы его халата, его кривую саблю.

— Бей! — скомандовал Кугэй.

Началось избиение... Это было самое ужасное, что только видел хан Сарымбэть. Женщин и детей топтали лошадьми, резали и кололи. Вид этой резни отуманил и его голову. Ведь эти женщины — матери, жёны, сёстры и дочери его исконных врагов, они родили проклятое племя Гунхой, они призывают своими воплями и слезами только свою бессильную ненависть к нему, они, вот эти женщины, выкололи глаза его деду, попавшемуся в плен, т. е. их бабушки, они народят ещё несметное число его врагов, а счастье переменчиво. Вперёд!.. Ханский конь врезался в живую толпу, а ханская сабля косила головы направо и налево. О, разве может быть счастье больше, как видеть поверженного в прах своего злейшего врага и наслаждаться его предсмертным хрипением... Вперёд! Бей! Пленных не будет...

Ханский скакун вылетел вперёд и вынес его к дворцу. Вот оно, это проклятое гнездо. Хан Сарымбэть в пылу погони на коне въехал прямо во дворец. Здесь тоже было много женщин... Одни лежали ниц, другие, стоя на коленях, поднимали кверху маленьких детей... Нет никому пощады! Кугэй ворвался во дворец следом за ханом, и началась страшная резня.

3

—Бей... бей... бей...

В одной из дальних комнат дворца хан увидел сидевшую на ковре молодую женщину поразительной красоты. Она сидела, обняв колени руками, и не шевелилась, не молила о пощаде, не плакала, а с достоинством ждала своей смерти. Старый Кугэй, задыхавшийся от кровавой работы, подбежал к ней и уже замахнулся саблей, но хан Сарымбэть протянул руку.

—Кто ты, женщина?—тихо спросил он.

—Я—Майя.

Она даже улыбнулась и злобно посмотрела на него своими тёмными, как ночь, глазами. Кугэй скрежетал зубами от ярости, а хан Сарымбэть сделал уже знак, что дарует жизнь смелой женщине, позабыв собственный приказ о всеобщем истреблении.

II

Город Шибэ торжествовал, ожидая возвращения победителей. Да, проклятое племя Гунхой было уничтожено, город Гунхой срыт до основания, и не осталось в нём камня на камне. Такова воля Аллаха... Племя Шибэ и племя Гунхой враждовали издревле, как враждует собака с волком, и вот свершилось то, чего не могли предугадать самые умные. Гунхоя нет, а есть Шибэ...

Возвращавшийся в свою столицу хан Сарымбэть был встречен, как молодой месяц. Многотысячная толпа ликовала, везде горели весёлые огни, слышались весёлые песни и клики радости.

4

—Да живёт хан и да радуется ханское сердце!..

Грустен возвращался один старик Кугэй. Воля Аллаха не была исполнена и ханское слово изменило самому себе. Много добычи взяли с собою войска, и великая радость ожидала их у себя дома. Но старого Кугэя беспокоила пленница, которую везли вместе с добычей к Шибэ. И для чего она понадобилась хану Сарымбэть? Разве не стало у него своих женщин: тридцать жён, тридцать прислужниц—можно ещё столько же добыть. Так нет, увидел Майю и везёт её к себе, точно сокровище.

—Майя была наложницей Олой-хана,—шептал Кугэй хану Сарымбэть, чтобы возбудить в последнем чувство ревности.

—Знаю...—коротко отвечал молодой хан.—Ты можешь прибавить, Кугэй, что Майя во дворец Олой-хана попала уже не девушкой. Она попала пленницей... Её муж—степной батырь.

—Её муж, хан?.. Вот цветок расцветает в поле и даёт плод,—разве у него есть муж?.. Не один батырь был у Майи... Она переходила из рук в руки, как старая монета.

—Старые золотые монеты ты сам любишь, Кугэй...—смеялся хан.—Они имеют только один недостаток, именно, принадлежат только тому, кто их держит в руках.

Шибэ веселился, а Майя сидела в ханском дворце и горько плакала. Да, у неё теперь явились и слёзы... Зачем она не умерла вместе с другими?.. Страшно жить... Она часто просыпалась ночью и вздрагивала: пред её глазами проносилась ужасная картина. Отчаянный крик матерей, защищавших своих детей, стоны раненых, мольбы о пощаде и смерть, смерть, смерть...

У Майи было своё отдельное помещение во дворце, куда никто не смел входить, кроме хана Сарымбэть. Да, он пришёл к ней, но не как к пленнице, а как слуга.

—Не нужно ли тебе чего-нибудь, Майя? У тебя заплаканные глаза... Может быть, с тобою дурно обращаются?..

Майя сделала отрицательное движение головой.

—Может быть ты оплакиваешь хана Олоя?—тише спросил Сарымбэть.

—Нет...

—Что же тебе нужно?..

—О, если бы у меня было столько глаз, сколько у ночи звёзд, то и тогда я не выплакала бы всего своего горя... Вот ты радуешься, ты счастлив, а мне тебя жаль. Оставь меня с моим горем... Тебе—радость, мне—горе.

—Знаю, ты оплакиваешь своего батыря!—гневно сказал Сарымбэть.—Женщина принадлежит только тому, кто первый её взял... И всей крови, пролитой в Гунхое, не хватит на то, чтобы смыть с тебя одно имя твоего батыря. Я всё знаю, Майя...

—Убей меня, хан! Я желаю умереть...

Заскучал молодой хан Сарымбэть, и ничто ему не мило. Так и тянет его к Майе, а пришёл туда и—слов нет. Чужими глазами она смотрела на него... Не то ему было нужно. Самому себе удивляется хан Сарымбэть,—так приворожила его полонянка Майя. Да, и ночью он её видит, и протягивает руки, и говорит ласковые слова, а днём смелость оставляет его, и хан бродит по своим садам, как потерянный. Не мил ему и собственный дворец, не милы и любимые жёны, и охота, и всякие другие удовольствия. Ничто не мило хану, и ходит он по собственному дворцу, как тень.

—Майя... Майя...

Иногда он сердится на неё, припоминая её батыря и хана Олоя. "Да, ты вот кого любила, Майя... Ты думаешь о своих любовниках. О, змея, змея... Мало было убить тебя, а нужно замуровать живой в стену. Нужно отрубить руки, обнимавшие батыря, вырвать язык, лепетавший любовные слова, выколоть глаза, глядевшие на хана Олоя ласково... вырвать живым это змеиное сердце, бившееся для других!"—И много таких жестоких мыслей роится в голове хана, а увидит Майю, оробеет сам, чувствуя, как бессилеет тело, и путаются мысли в голове.

—Ты меня спрашивал, что мне нужно,—проговорила однажды Майя, глядя на него своими тёмными глазами.—Да, мне нужно... Когда я умру, похорони меня в степи, в вольной степи, где гуляет вольный степной ветер... Есть там озеро Кара-Куль, на его берегу похорони меня. Не нужно мне ханской могилы, не нужно тяжёлых камней на могилу.

—Всё будет исполнено, Майя, но зачем ты говоришь о смерти?..

—О, я скоро умру, хан... я знаю это.

И опять молчит Майя, только смотрит на молодого хана своими большими глазами. Жутко сделалось хану Сарымбэть, опустил он свои глаза и чувствует только, как замирает в груди его собственное сердце. Приворожила его Майя... Ах, если бы она хоть раз взглянула на него ласково—он сам готов умереть. Но смотрит Майя по-прежнему чужими глазами...

Старый Кугэй давно заметил, как изменился хан Сарымбэть, похудел, сделался задумчив, перестал улыбаться и не желал ни с кем говорить.

—Скучает хан...—говорил вкрадчиво хитрый старик.—Позволь старому Кугэю зайти к Майе, и он вышиб бы из неё своей нагайкой память о батырях и хане Олое... А любовь Майи в твоих руках. Когда я был молод, то брал любовь силой!..

—Ах, не то...—стонал хан Сарымбэть.—Мало ли у меня своих красавиц? Не то, старый Кугэй... Ты поглупел от старости.

—Я поглупел?..—смеялся зло старик.—Я поглупел, старый

Кугэй? А кто говорил тебе, чтобы не брать пленных из Гунхоя? Вот теперь ты сам сидишь в плену у ничтожной пленницы... И какой хан—молодой, красивый, храбрый! Хочешь, добудем десять новых красавиц, десять новых жён... Одна другой краше, как цветы в поле, а Майя пусть им служит. Вот как сделаем, хан, а ты говоришь: "Кугэй—старый дурак".

III

Так прошло полгода, а через полгода гордые глаза Майи опустились сами собой, когда вошёл к ней хан Сарымбэть.

—Что с тобою, Майя? Ты нездорова?

Она отвернулась.

—Майя...

—Нет больше Майи... Зачем ты пришёл сюда? Уходи к своим женщинам... Там каждый взгляд куплен, каждая улыбка— насилие. Они всё готовы сделать для своего повелителя, потому что рабыни не телом, а всей душой. Они ждут тебя... иди!...

Радостно забилось сердце хана Сарымбэть. Это были знакомые ему слова женской ревности. Майя начинала его любить и сердилась на самое себя. Да, вот это не берётся ни насилием, ни деньгами. О, велика сила любви, и приходит она против воли человека, как пожар.

Тихо подошёл хан Сарымбэть к Майе, обнял её и прошептал:

—Я давно тебя люблю, Майя... Люблю с первого раза, как увидел.

Задрожала Майя, как молодая зелёная травка, закрыла глаза и ответила:

—Твоя любовь убьёт меня... Я это чувствую.

—Ты скажи, Майя: ты любишь меня?

У неё не было слов, а только протянулись тёплые руки, и счастливое лицо спряталось на груди хана.

На другой день Майя сказала хану:

—Я тебя вчера любила, а сегодня ненавижу...

—За что же, моя радость?

—А помнишь, как ты истреблял Гунхой? Я смотрела в окно, когда ты своим конём топтал беззащитных женщин, и вот эта рука рубила женские головы... Да, я тебя ненавижу и вместе с тем люблю... Меня приводит в ужас это двойное чувство.

—Того хана уже давно нет, Майя, как нет и Гунхоя. Такова воля Аллаха... Он даёт и победу, и счастье. Да и чего тебе жалеть: ты была только пленницей у Олой-хана.

Майя гордо выпрямилась и посмотрела на хана потемневшими глазами.

—Я была пленницей Олой-хана, но не любила его... А вот тебя люблю и в том моя погибель.

—И моя, Майя...

Каким счастьем пахнуло на хана Сарымбэть!.. Не было ни дня, ни ночи, а одно только счастье. Смеялась Майя, и он смеялся, хмурились её тёмные брови,—и он хмурился. Она думала, а он говорил,—и наоборот. Они читали мысли друг у друга в душе, и это даже пугало их. Иногда Майя задумывалась, и хан Сарымбэть хмурился, точно над их головами проносились тяжёлые тени.

—Майя, о, я знаю, о чём ты думаешь!..

Он скрежетал зубами и падал на подушки в бессильной ярости, чувствуя, что много есть такого, что не в состоянии вырвать даже любовь. Ах, как много... Майя чувствовала его мысли, и лицо у неё бледнело, точно она умирала. Да, она страдала и за себя и за него, и чем была счастливее, тем сильнее мучилась.

—Майя, не думай ни о чём,—утешал её хан Сарымбэть.—Что было, то прошло, а я счастлив настоящим... О, как я счастлив, Майя!.. Я до сих пор даже и приблизительно не знал, что такое любовь...

Хан Сарымбэть часто говорил и думал о счастье и всё-таки не знал, что такое счастье... Здоровый не чувствует в полном объёме своего здоровья, так и счастливые люди. Он даже потерял счёт времени, а оно шло так быстро, как колесо, которое катится по хорошей дороге.

Раз Майя припала своей красивой головкой к груди хана и, краснея, проговорила:

—Мой повелитель, моё счастье, моя радость, я тебя подарю скоро величайшим счастьем, каким только может подарить любимая женщина... Твоя радость отпечаталась в моём сердце, и я тебе подарю маленького хана. Да... Подарю, а сама умру. Я это чувствую...

—Майя, свет моих глаз, дыхание моих уст, что ты говоришь?!.

—Да, да... Воля Аллаха неисповедима и ты скоро будешь отцом. Помни, что ты похоронишь меня в степи, на берегу Кара-Куль, где носится вольный степной ветер. Это моё последнее желание...

Задумался хан Сарымбэть и потом засмеялся. Все женщины боятся родов, но ведь родят же бедные и больные женщины, а его Майя будет окружена и лучшим уходом, и всякими удобствами.

10

Всё, что можно купить или достать силой — всё будет у Майи...

Майя не обманулась. Она готовилась быть матерью, и счастливый хан Сарымбэть ухаживал за ней вдвойне, как не ухаживала бы за ней родная мать. О, он всё делал для неё и спал в её комнатах, как последний раб, чтобы ничто не нарушало покоя царицы Майи. Да, она была царица вдвойне... Как он караулил её сон, как угождал малейшей её прихоти и как был счастлив. Ожидаемый ребёнок должен был покрыть собой всё прошлое Майи, и с ним рождалась новая жизнь.

— Ты меня забудешь... — говорила грустно Майя со слезами на глазах. — У тебя столько красивых женщин, а Майи не будет. Только одна её тень пронесётся вот здесь, где она была так счастлива... Помни это, хан, и вперёд всякая твоя радость будет отравлена. Вот здесь будет незримо бродить моя тень... Здесь я была счастлива своим коротким счастьем.

Не верил хан этим тяжёлым предчувствиям, а случилось именно так, как думала Майя.

Она родила хану наследника, а сама умерла на другой день.

Хан не отходил от её постели и, когда она лежала мёртвою, всё смотрел на неё. Даже холодная рука смерти пощадила эту царственную красоту. Никогда Майя ещё не была так красива, как мёртвая — лицо такое строгое, бледное, точно выточено из слоновой кости.

— Майя... Майя... Майя... — повторял хан Сарымбэть, хватаясь за голову. — Моя Майя... Моя дорогая... Майя, ты не слышишь, не слышишь меня?!.

Майя уже ничего не слыхала.

За ханом ухаживал один старый Кугэй и повторял:

— Такова воля Аллаха, хан!.. Мы все умрём...

— Отчего же ты не умер, а умерла она моя Майя?.. — стонал хан, ломая руки.—Ты, старая гнилушка, живёшь, а Майя умерла... Нет справедливости на земле. Я не верю Аллаху...

Старый Кугэй в ужасе затыкал уши от такого богохульства и закрывал глаза.

IV

Похоронили Майю на высоком берегу озера Кара-Куль, и вольный ветер насыпал над ней могилу.

Хан Сарымбэть каждый день просыпался в слезах и в слезах засыпал. Его молодое сердце умерло вместе с Майей, закрылась радость, погас яркий свет,—ничего не осталось у хана, кроме глаз, чтобы оплакивать своё чёрное горе. Опостылел ему и дворец, и зелёные сады, и красавицы жёны. Нет Майи, и ничего не нужно хану... Нет Майи, слышите?..

Единственное утешение осталось хану: каждое утро он уезжал на могилу Майи. Приедет, пустит коня пастись, а сам сидит на могиле, горько плачет и всё зовёт её, Майю.

—Майя... Майя... Майя... Слышишь ли ты меня? Ведь я здесь, я с тобой... Смерть нас разлучила, но она же и соединит нас. Рядом я лягу с тобой, Майя... Дорогая, родная Майя, я здесь... Горлинка моя, свет мой, я здесь!..

Громко кличет молодой хан Майю, а ветер разносит его жалобу,—один вольный степной ветер слышит ханское горе, да зелёная степная трава, да ясные зори. И ни от кого не получал ответа хан... Один он со своим горем.

По целым часам сидит хан на крутом берегу и смотрит на шёлковую гладь степного озера, обложенную зелёными ресницами камышей, точно рамой из дорогого рытого бархата, Давно ли он ездил сюда на охоту, и радовалось ханское сердце молодецкой забавой, а теперь ничего не нужно хану. Майя, Майя... Всё ты унесла с собой, а оставила одно чёрное горе. Хан Сарымбэть, слышишь ли? Какой хан — нет и хана, как нет Майи, а ходит одно чёрное горе, и плачет, и жалуется. Нет хана — это люди придумали. Если бы он был сильнее других, то удержал бы Майю, отогрел её холодевшие руки своим дыханьем, раскрыл своими поцелуями её чудные глаза и теплотой своего сердца согрел эту грудь... Ведь живут же другие женщины?.. Ах, Майя, Майя... Нет Майи, нет и хана!..

Так прошёл и год, и другой, и третий.

По-прежнему горюет хан Сарымбэть, по-прежнему ездит на могилку Майи и по-прежнему плачет над ней и громко зовёт её, Майю, и по-прежнему не получает ответа. Похудел, постарел хан, точно прожил тридцать лет, а в бороде уже серебрится седина. Хан Сарымбэть старится, а молодой хан, сын Майи, растёт: в нём проснулась красота матери. Но не радует хана и любимый сын... Тошно ему у себя во дворце, скучно, всё надоело.

— Кугэй, старая лисица, мне надоело быть ханом, — сказал Сарымбэть своему старому советнику. — Да, надоело... Я оставляю вам ханом сына Майи, а сам уйду. Нет моих сил больше... Какой я хан, когда не мог сохранить посланную мне Аллахом, жемчужину.

Низко поклонился хитрый Кугэй, счастливый тем, что мог управлять всем, пока ребёнок-хан подрастал. У всякого были свои мысли...

Так и ушёл хан Сарымбэть из Шибэ, распустив жён и оставив все сокровища. Даже не взял он с собой лишней пары одежды. Для чего?.. Ведь и хан, и последний нищий одинаково будут лежать в земле, для чего же обременять себя лишним платьем.

Так и сделал хан; надел рубище дервиша, взял его кошель и палку и ушёл из Шибэ.

Поселился Сарымбэть на берегу Кара-Куль, около могилы Майи. Выкопал землянку и живёт, как отшельник. Перечитал он много мудрых книг, долго и много молился и тысячу раз передумал всю свою жизнь, полную легкомысленных радостей, суетных желаний и мыслей. Он не видел той пропасти, которая была сейчас под ногами...

Каждый день, каждый час, проведённый с Майей, был сокровищем, а он его не замечал, ослеплённый собственным счастьем. И так все люди живут, обвеянные счастливой слепотой...

Жил Сарымбэть на берегу Кара-Куль до самой смерти, пока не сделался седым и дряхлым стариком. К нему приходили издалека, чтобы поведать какое-нибудь горе и научиться мудрости. Да, состарился Сарымбэть, и глаза уже плохо видели, а он всё оплакивал свою Майю, точно она умерла только вчера. Ведь она открыла ему свет жизни, она отдала ему сердце и душу, и проснулось его сердце...

—Майя, слышишь ли ты меня?—повторял он каждый день над могилой своей возлюбленной.—Уж скоро я приду к тебе, Майя, моё счастье, моя радость... Скоро, скоро!..

Сарымбэть вырыл себе могилу рядом и спал в ней, чтобы быть ближе к ней, к Майе.

Раз он молился и слышит незнакомый голос:

—Хан Сарымбэть...

—Нет здесь никакого хана, а есть нищий Сарымбэть.

—Ты меня не узнаёшь?

Посмотрел Сарымбэть—перед ним стоял старый-старый человек с пожелтевшей от времени бородой.

14

—Я — хан Олой...

—А, это ты... что же, садись рядом: места довольно.

Они долго сидели и молчали.

—Сарымбэть, много ты пролил напрасной крови, но и искупил её своим подвижничеством. Я пришёл мириться с тобой...

Заплакал Сарымбэть, припоминая истребление Гунхоя, и сказал:

—Похорони меня рядом с Майей, хан Олой... Я завтра умру. Видел я здесь на озере чудо. Когда я был ханом и ездил на озеро на охоту, то убил лебёдушку. Чудная птица лебедь... Когда я переселился сюда, то лебедь, оставшийся без лебёдушки, каждую весну прилетал сюда и каждое утро выплывал на озеро и жалобно кликал свою лебёдушку. Тридцать лет он прилетал, тридцать лет горевал, а в последний раз прилетел, поднялся высоко-высоко и грянулся о?земь. Я это видел и подумал, насколько человек хуже даже глупой птицы... Моя Майя открыла мне глаза, и я знаю только одно счастье, чтобы похоронили меня рядом с ней.

Сбылись слова праведного человека: когда хан Олой проснулся на другой день, Сарымбэть был уже мёртв. Бывший смертельный враг похоронил его рядом с Майей.

Так было, и сейчас, на высоком берегу озера Кара-Куль красуется двойная могила хана Сарымбэть с красавицей Майей. Издалека приходят люди, чтобы поклониться их праху: так любили они друг друга... Ровно через сто лет племя Гунхой напало на Шибэ и разрушило город, как прежде был разрушен Гунхой: то сделал внук Олой-хана. Всё было истреблено, выжжено и разрушено. Но даже враги не тронули могилы Майи, а внук хана Олоя сам приехал посмотреть святое место и прослезился.

—Хан Сарымбэть показал, как нужно любить, — сказал он. — Всё проходит, разрушается, исчезает, а остаётся одна любовь...

16

БАЙМАГАН

"Хороша киргизская степь, хорошо голубое небо, которое опрокинулось над ней бездонным куполом, хороши звёздные степные ночи, но лучше всего новый кош[1] старого Хайбибулы, в котором он живёт вместе со своей старухой Ужипой и молоденькой дочкой Гольдзейн". Так думает молодой Баймаган работник Хайбибулы, думает и поёт:

> В небе звёзды
> И в кошме Хайбибулы звёзды -
> Там и ночью светит солнце!
> А в голове Баймагана

Мысли, как птицы.-- У меня много-много мыслей, и все они, как степной ковыль, гнутся в одну сторону,—говорил Баймаган, когда они вместе с другим работником Урмугузом пасли косяк кобылиц.—У Хайбибулы всего много... Старая лисица катается, как сыр в масле, а я ничего не возьму за свои мысли, Урмугуз.

—Дурак ты, Баймаган...—лениво отвечает Урмугуз, покачиваясь на высоком киргизском седле.—Какие мысли могут быть у таких бедняков, как мы с тобой... Ты глуп, Баймаган, а Хайбибула умён... У Хайбибулы двести лошадей ходит в степи, у Хайбибулы пять лучших иноходцев, у Хайбибулы новый кош, целый сундук с деньгами и красавица дочь. У бедных людей должна быть одна мысль: не лечь голодному спать.

Обидно Баймагану слушать такие слова своего приятеля, который никогда ни о чём не думает, точно киргизский баран. Да, Баймаган—бедняк, но это не мешает ему видеть и слышать то, чего не видит один Урмугуз.

---

[1] Кош—круглая киргизская палатка из войлока.

17

У Баймагана каждый раз дрогнет сердце, как подстреленная птица, когда он вечером с косяком кобылиц возвращается к кошам. Издали эти коши, точно потерянные в степи шапки, одна большая и две маленьких. Из большой в холодные ночи весело поднимается синий дымок — это старая Ужипа вечно что-нибудь стряпает, чтобы угодить мужу. Вот около этого огонька в коше старой лисицы Хайбибулы и бьётся молодое сердце бедняка Баймагана, потому что вместе с дымом по вечерам из коша несётся песня красавицы Гольдзейн.

II

У Хайбибулы новый кош, который стоит рублей пятьсот, — он из лучших белых кошем, а внутри по стенам развешаны дорогие бухарские ковры. Тут же стоят сундуки, набитые всяким добром: рубахами, бешметами, халатами. У Гольдзейн свой сундук, весь обитый белой жестью, точно серебряный; в нём копится приданое для того счастливца, которому достанется Гольдзейн.

— Кто даст калым в сто лошадей и пятьсот рублей деньгами, тому и отдам Гольдзейн, — хвастается Хайбибула, когда с гостями напьётся кумыса. — Будь хоть без головы жених, мне всё равно... Сто лошадей и пятьсот рублей деньгами.

Пьяный Хайбибула непременно бранится с женой и каждый раз повторяет:

— Ты мне надоела, Ужипа... Вот получу калым за Гольдзейн и прямо с деньгами поеду под Семипалатинск: там в кошах живут два брата, Кошгильда и Яшгильда, богатые киргизы, и у обоих по молоденькой дочери. Которую хочу, ту и возьму, а тебе, старой кляче, пора отдохнуть.

Когда Гольдзейн весело распевает свои песни, старая Ужипа горько плачет, потому что Хайбибула непременно женится на молоденькой и сживёт её, Ужипу, со свету. Он уж двух жён в гроб заколотил, а она—третья и её заколотит. Старый волк любит молодую козлятину, и погубить человека ему ничего не стоит, а все считают его хорошим, ласковым мужем.

"Лучше уж мне самой умереть..."—думает Ужипа, думает и плачет, вспоминая молодое время, когда щёки у ней были румяные, глаза светились, сама была толстая да белая, и когда Хайбибула говорил ей льстивые, ласковые речи.

Скоро износилась красота Ужипы. Бессонные ночи, работа, дети и мужнины побои развеяли по ветру девичью красоту, а Хайбибула её же попрекает дорогим калымом.

Никто не жалеет старухи, а Гольдзейн нарочно отвёртывается, чтобы не видать слёз матери. Глупая девка только и думает, чтобы поскорей выскочить замуж за богатого жениха, а родная мать ей хуже чужой.

Когда-то пьяный Хайбибула сильно избил Ужипу, и она едва вырвалась от него. Убежала и спряталась за кошем. Ночь была тёмная, а на душе Ужипы было ещё темнее. Стала она просить себе смерти, потому что никому-никому, ни одному человеку не жаль её.

—Эй, Ужипа, не плачь,—прошептал над самым ухом старухи знакомый голос.

—Это ты, Баймаган?

—Я, я всё вижу и знаю. Погоди, вот женюсь на Гольдзейн, тогда и тебя возьму к себе. Славно заживём...

—Да ты с ума сошёл?.. У тебя ничего нет...

—Э, погоди, всё будет... Старая лисица Хайбибула сам будет ухаживать за мной. Вот я какой человек, Ужипа!

Это ласковое слово глупого парня согрело душу Ужипы. как солнечный луч, и ей сделалось жаль Баймагана: "Аллах велик, у Аллаха всего много, что стоит Аллаху бросить росинку счастья на Баймагана? Всё может быть..."

—Слушай, Баймаган, никогда-никогда не женись на Гольдзейн,—шептала старая Ужипа,—в ней волчья кровь... Женись лучше на Макен: вот мой совет за твоё доброе слово к позабытой всеми старухе.

III

Около коша Хайбибулы в стороне стояли два старых, дырявых коша, в которых жили пастухи и работники. В одном жил кривой пастух Газиз с дочерью Макен, а в другом Баймаган с Урмугузом. Очень бедно было в коше Газиза, а у Баймагана с Урмугузом совсем ничего не было, кроме хозяйских сёдел да разной сбруи. Спали оба работника на лошадиных потниках. Сквозь прогоревшие кошмы пекло солнце и лился дождь, точно Аллах хотел каждый день испытывать терпение молодых пастухов.

Всё хозяйство Газиза вела Макен, и она же постоянно помогала старой Ужипе, точно работница, хотя скупой Хайбибула не платил ей ни гроша, разве когда подарит обноски после Гольдзейн. Макен работала, как лошадь, и ходила чуть не в лохмотьях. За работой она пела такие печальные песни и каждый раз смолкала, когда мимо проходил Баймаган.

—Он хороший человек,—говорила Ужипа, не называя Баймагана по имени.

—Хорош, да не для меня...—отвечала Макен и тяжело вздыхала.

Аллах мудрено устраивает человеческие дела: Урмугуз любил Макен, Макен любила Баймагана, а Баймаган любил гордую Гольдзейн. Баранчуками [Баранчук—ребёнок, дитя.] они все росли вместе, а потом вышло вот что. Старый Газиз видел всё это, но молчал, потому что Аллах велик и знает лучше нас, как и что делать. Урмугуз думал про себя, что Макен первая красавица во всей киргизской степи, и что Гольдзейн приворожила глупого Баймагана своими песнями и богатыми нарядами. В праздники Гольдзейн всегда щеголяла в шёлковом полосатом бешмете, заплетала свои чёрные волосы в мелкие косички, в уши надевала дорогие тяжёлые серьги, а всю грудь увешивала серебряными и золотыми монетами, которые так весело звенели у ней на ходу.

Баймаган подолгу смотрел на неё с разинутым ртом или старался чем-нибудь услужить. Гордая красавица совсем не замечала Баймагана и только иногда любила посмеяться над ним, особенно когда тут же была Макен.

—Баймаган, скоро у тебя будет сто лошадей и пятьсот рублей денег?—спрашивала Гольдзейн, толкая Макен локтем.—Смотри, мне, пожалуй, надоест ждать, и я как раз выйду за другого... У меня уж есть три жениха.

Гольдзейн весело смеялась, а у Баймагана замирало сердце от этого смеха. И чем больше она смеялась над ним, тем больше он её любил.

Проклятых сто лошадей бедный пастух часто видел во сне, а деньги даже искал у себя под изголовьем. Перестала бы Гольдзейн смеяться над ним, когда бы он принёс Хайбибуле пятьсот рублей старыми серебряными монетами и выставил в поле свой собственный косяк лошадей... Всего сто лошадей и пятьсот рублей. Баймаган день и ночь стал думать, как добыть дорогой калым, похудел и ходил, как в воду опущенный.

Хайбибула прежде сам был беден, и вся степь знает, откуда пришло его богатство: он сначала сам воровал лошадей по казачьей уральской линии, а потом стал только сбывать краденый скот.

—Это люди болтают из зависти.—говорил кривой Газиз.— Аллах всё видит...

IV

Баймаган возненавидел Хайбибулу и за глаза бранил его самыми скверными словами. Тут доставалось и толстому брюху Хайбибулы, и его красному носу, и седой голове, которая думала о молоденьких девчонках. Когда в урочные часы старик выходил из коша на молитву, расстилал под ноги коврик и падал ниц, приложив раскрытые ладони к ушам, Баймаган испытывал глубокое чувство отвращения к этому старому ханже, который хочет обмануть самого Аллаха.

—Кажется, я убил бы эту старую лисицу!—говорил Баймаган своему другу Урмугузу.—Его деньги нажиты кровью, он загубил двух первых жён, теперь губит третью и хочет жениться на четвёртой, чтобы согреть свою старую волчью кровь молодой... О, как я ненавижу этого Хайбибулу!

Хитрый старик заметил косые взгляды Баймагана и время от времени любил подшутить над ним. Бессильная злоба бедняка забавляла Хайбибулу.

Раз в праздник, когда в коше и перед кошем сидели гости, Хайбибула сказал Баймагану:

—Баймаган, покажи гнедого иноходца гостям... Впрочем, у тебя заячье сердце, пусть приведёт лошадь Урмугуз.

Это было сказано нарочно, чтобы подзадорить Баймагана и

потешить гостей отчаянной скачкой. Гнедой иноходец был ещё необъезженной лошадью и никого не пускал на себя. Обида засела глубоко в сердце Баймагана, и он захотел показать перед всеми, что ничего не боится, и что Хайбибула напрасно его обижает.

Иноходца едва поймали на два волосяных аркана, подвели к кошу, и Баймаган птицей сел на спину дрожавшей от страха лошади.

—Смотри, упадёшь!—крикнул вслед Хайбибула.

Началась самая отчаянная скачка на необъезженной лошади, старавшейся сбить седока. А Баймаган видел только улыбавшееся лицо Гольдзейн, которая смотрела на него из коша вместе с гостями. Да, он приведёт лошадь к кошу смирную, как овечку, или ему не видать Гольдзейн, как своих ушей.

Лошадь и человек боролись отчаянно несколько часов. Баймаган уже чувствовал, что лошадь начинает уставать и скоро будет в его руках, как ребёнок. Но в этот момент она сделала неожиданный прыжок в сторону, и Баймаган слетел на землю. Всё это случилось в одну секунду, бешеное животное с удвоенной силой понеслось в степь, стараясь освободиться от тащившегося на аркане наездника. Баймаган крепко держал верёвку обеими руками и решился лучше умереть, чем выпустить лошадь.

Через полчаса иноходец прибежал один, а Баймагана нашли в степи без чувств. Он лежал весь избитый, голова, лицо и плечи были покрыты глубокими ранами от лошадиных копыт.

Баймаган лежит в своём дырявом коше. За ним ухаживает старая Ужипа, которая знает много хороших степных трав. Иногда в кош завёртывает Макен и молча садится у входа. Больной никого не узнаёт и всё бредит.

Ему ужасно тяжело и всё кажется, что он скачет на проклятом иноходце. Лошадь бьёт его задними ногами прямо в голову, и Баймаган страшно вскрикивает. Долго-долго носит его по степи взбесившийся иноходец, а когда он открывает глаза, то видит над собой дырявую кошму своего коша и слышит, точно сквозь сон, голос Ужипы:

—Не шевелись, Баймаган... Будешь жив, если не будешь шевелиться. Всё идёт хорошо.

Баймаган старается лежать спокойно, хотя ему ужасно хочется приподнять голову—в коше кто-то тихо плачет, а кому плакать о нём, о круглом сироте? Ах, зачем он не умер там, в степи, где носил его иноходец!..

Потом Баймагану вдруг сделалось так легко и так хорошо, совсем хорошо. Он здоров. Нет, будет уж служить старой лисице Хайбибуле!—Прощайте все: и кривой Газиз, и Урмугуз, и Макен, и Ужипа... С Гольдзейн Баймаган не простился, потому что слишком ему было бы тяжело видеть её насмешливую улыбку.

—Э, увидимся!—утешает самого себя Баймаган, направляясь в степь, где там и сям торчали киргизские коши, точно бритые татарские головы в тюбетейках.—Надо жить, как старая лисица Хайбибула.

Баймаган скоро нашёл себе работу—он сделался отчаянным барантачом. По степи он отбивал овец у гуртовщиков, у казаков и русских угонял лошадей, и везде стали бояться одного его имени. Несколько раз он попадался, и его били прямо по голове, точно все знали, где у него самое больное место.

Через несколько лет такой работы у Баймагана был готов весь калым за Гольдзейн, и он орлом полетел к старому Хайбибуле.

—Вот твой калым,—объявил Баймаган, высыпая перед стариком старое серебро.

—Ты умный человек,—задумчиво говорил Хайбибула, пересчитывая деньги.—Ну, Гольдзейн твоя... Такой красавицы до Семипалатинска не найти. Что же, твоё счастье, а я очень рад. Макен тоже вышла замуж за Урмугуза, я и калым платил за него. Давай, поцелуемся.

VI

Рядом с кошем Хайбибулы вырос новый кош Баймагана. В последнем жилось очень весело. Гольдзейн по целым дням распевала свои песни, Баймаган лежал на ковре и пил кумыс. Когда ему надоело гулять одному, он посылал за Хайбибулой и угощал старика.

—Ты умный человек, Баймаган,—повторял каждый раз Хайбибула и улыбался старым беззубым ртом.—Стар я стал... Вот и борода седая. и глаза слезятся, и зубы пропали. А когда то я умел наживать деньги. Надо тебе показать все норы и лазейки, а мне пора отдохнуть.

И старая лисица Хайбибула учил Баймагана всяким плутням, называл всех своих знакомых и товарищей по ремеслу, а Баймаган слушал и удивлялся, что Хайбибула совсем не такой дурной человек, как он думал раньше. Даже очень хороший человек этот Хайбибула, если разобрать; а если он занимается воровством, так не он один грешен перед Аллахом.

Когда Хайбибула выгнал старую Ужипу и женился на четырнадцатилетней Аяш, дочери Кошгильды, о которой давно говорил, и тогда Баймаган не обвинил старика.—Хайбибула ещё в силах, а Ужипа едва волочит свои старые ноги. Так хочет Аллах, если одно дерево цветёт, а другое сохнет. Конечно, Аяш молода для такого беззубого старика, как Хайбибула, но старику уж немного осталось веселить своё сердце—пусть ещё порадуется на конце своих дней.

Старая Ужипа пришла к Баймагану и сказала:

—Муж меня прогнал, а я стара... Помнишь, как ты обещал приютить меня, если женишься на Гольдзейн?..

—Я этого не говорил, старая кляча!..—закричал Баймаган.—Это всё ты сама придумала...

Баймагану было совестно за свою ложь, и он ещё сильнее рассердился.

—Не наше дело судить вас с отцом,—ответила матери Гольдзейн, потакавшая мужу.—Мы не желаем ни с кем ссориться, а живите себе, как знаете.

Ничего не сказала старая Ужипа и ушла. Её приютил в своём рваном коше Урмугуз.

—Мне уж заодно вас стариков кормить,—проговорил он,—вон Газиз живёт, живи и ты.

Тесно было в коше Урмугуза, но Макен нашла уголок для старухи, совсем убитой горем. Это взбесило Баймагана.

—Вот нашлись богачи!—ругался он.—Всех полоумных старух да стариков не накормишь.

—Урмугуз, видно, богаче нас с тобой,—прибавила Гольдзейн.—

26

Недаром он столько лет служил у отца, а теперь служит у тебя. Видно, ему выгодно, если может кормить чужих людей.

Баймаган сильно рассердился на Урмугуза, но до поры до времени затаил в своём сердце эту злобу. Урмугуз нарочно взял к себе Ужипу, чтобы постоянно колоть ею глаза и ему, и Гольдзейн, и Хайбибуле.

— Урмугуз глуп, — шептала Гольдзейн, ласкаясь к мужу, — а это придумала Макен... О, это хитрая и злая женщина!

VII

Киргизская степь была так же хороша, как десять лет назад, также весной она покрывалась цветами и ковылём, тот же играл по ней степной ветер, а зимой волком завывали снежные метели; голубое небо так же высоко поднималось над ней, так же паслись по ней косяки киргизских лошадей, а Гольдзейн позванивала своим серебром.

Хорошо жилось Баймагану. Всего у него было много, а когда надоедало сидеть дома, он уезжал куда-нибудь в гости. У богатых людей много хороших знакомых. Когда было лень ехать, Баймаган по целым дням лежал в коше и думал о разных разностях, Всего лучше ему делалось, когда он вспоминал про своё детство. Да, Баймаган вырос у старого Хайбибулы, как бездомная собачонка: спал под открытым небом и питался объедками, вместе с хозяйскими собаками. Когда варили махан или салму [Салма — лапша из конины, махан — жареное из жеребёнка.], Баймаган только облизывался издали и был рад, если на его долю доставалась обглоданная косточка, которую бросала ему добрая Ужипа. Эти воспоминания делали настоящее ещё приятнее, и Баймаган нарочно приглашал Хайбибулу есть салму, чтобы вспомнить про старое.

27

Однажды, когда они вдвоём сидели около чугунного котла с салмой, старик хитро подмигнул, указывая головой на дочь.

—Ты ничего не замечаешь, Баймаган?—прошамкал он.

—Нет, а что?..

—Я ничего, так... Будто Гольдзейн у тебя постарела. Она будет вылитая Ужипа. Вот увидишь... А Макен молодеет. Впрочем, на чужих жён нехорошо заглядываться... Я так сказал. Ну, прощай...

Эти слова глубоко запали в душу Баймагана, хотя он старался о них совсем не думать. Раз он больно прибил Гольдзейн, и когда она стала плакать в своём углу, он занёс было руку с нагайкой, чтобы ударить её по спине, но взглянул на её заплаканное лицо, испуганные глаза—и рука с нагайкой бессильно опустилась сама собою: на него смотрела старая Ужипа, а Гольдзейн, красавицы Гольдзейн, больше не было.

Баймаган начал часто напиваться кумысом, бил жену и всё ходил около коша, чтобы хоть издали посмотреть на Макен. Урмугуза он нарочно посылал в дальние киргизские стойбища, с разными поручениями, чтобы не стыдно было заходить в его старый кош под разными предлогами.

Макен стала прятаться от Баймагана, а это ещё больше разжигало в нём кровь. Чтобы показать ей свою любовь, Баймаган не упускал случая на её глазах бить Гольдзейн по чему попало, а потом отнял у жены все украшения и спрятал их в свой сундук. Кривого Газиза он поил самым хорошим кумысом и называл дядей. А Гольдзейн от побоев и слёз делалась всё больше похожей на свою мать, и Баймаган старался не смотреть на неё.

"Надо избыть Урмугуза, а потом я женюсь на Макен, когда она останется вдовой,—подумал Баймаган.—Гольдзейн пусть служит ей, как раба..."

VIII

Урмугуза не стало. Много так пропадает в степи. Чужие люди обвиняли Баймагана, что он подослал убийц к своему работнику, а сам женился на его вдове.

А Баймаган ничего не хочет знать, что говорят про него люди. Он по целым дням лежит на ковре вместе с Макен, а Гольдзейн прислуживает им, старая некрасивая Гольдзейн. Но Макен такая печальная, и Баймагана тянет выйти из коша; рядом в коше старого Хайбибулы каждый раз на шум его шагов отодвигается край ковра, которым прикрыт вход, и оттуда смотрят прямо в душу Баймагана два тёмных глаза, а из-за белых зубов сыплется беззаботный детский смех. Это молодая Аяш смотрит на Баймагана, и у него темнеет в глазах.

"Обманул меня Хайбибула, — думает он, — Макен всё думает о своём Урмугузе... Ей скучно со мной".

Не спится по ночам Баймагану, а вместе с ночным холодом ползёт к нему в кош ласковый девичий шёпот, — о, он знает этот голос, который хватает его прямо за сердце! Нужно было отправить на тот свет не Урмугуза, а старую лисицу Хайбибулу. Будет ему грешить, а Аяш ещё молода.

Темнее ночи ходит Баймаган и всё думает о старике Хайбибуле — может быть, старая лисица сам догадается умереть.

Отточил острый нож Баймаган и ночью, как змея, заполз с ним в кош Хайбибулы. Вот уж он слышит ровное дыхание спящей Аяш, а рядом с ней на постели, под шёлковым бухарским одеялом, храпит Хайбибула. Баймаган подполз к изголовью и замахнулся, чтобы ударить Хайбибулу прямо в сердце, — он пригляделся к темноте и теперь хорошо различал спавших, — но, заглянув в лицо старику, Баймаган остолбенел: это лицо смеялось своим беззубым ртом, а старческие слезившиеся глаза смотрели на него в упор.

—Ну, чего ты испугался?..—шепчет Хайбибула, а сам всё смеётся и смотрит на него.—Делай то, за чем пришёл...

Страшная ярость закипела в груди Баймагана, хочет он поднять руку с ножом, но у него нет больше силы,—рука висит, как плеть.

—Убил Урмугуза, убивай и меня,—шепчет Хайбибула.—Аяш моложе твоих жён... Ты умный человек, Баймаган. Ха-ха-ха...

Эти слова ударили Баймагана прямо в голову, и он почувствовал, как на его голове открываются старые раны от лошадиных копыт, и как он сам начинает весь леденеть. Жизнь быстро выходит из него вместе с горячей кровью, а старый Хайбибула делался всё дальше и дальше, и только далеко-далеко, точно из-под земли, доносился его страшный дребезжавший смех и тот же шёпот:

—О, ты умный человек, Баймаган!..

Баймаган крикнул, объятый ужасом, и сам испугался своего голоса, точно это кричал не он, а какой-то другой голос.

—Тише, тише... не шевелись, Баймаган,—шептал над ним голос старой Ужипы, и чьи-то руки удерживали его голову.

IX

—Так это был сон?..—спрашивал Баймаган, когда пришёл в себя и увидел, что по-прежнему лежит в своём дырявом коше, а около него сидит старая Ужипа и уговаривает его, как ребёнка.

—Ты сорвал повязки с головы и чуть не истёк кровью...—шептала ласково старуха.—Отчего ты так страшно крикнул?..

—Не спрашивай... после расскажу. Я дурной человек... я хуже всех других, Ужипа.

Баймаган поправился, но сделался таким задумчивым и печальным, что никто не узнавал в нём прежнего молодца.

—О чём ты думаешь, Баймаган?—спрашивала его Макен.

—Дорогая Макен, прежде я думал всегда о себе,—отвечал ей Баймаган,—думал, как бы мне устроиться лучше других. А теперь мне жаль всех людей, потому что я всё вижу и всё понимаю... Да, я понимаю всё и понимаю то великое зло, какое сидит в каждом человеке и обманывает всех. Мне иногда делается страшно за то зло, которое и в нас и вокруг нас. Я был глуп и ничего не понимал, но за одно доброе слово, которое я сказал несчастной старухе, Аллах показал мне мою собственную душу.

Через год Баймаган женился на Макен.

ЛЕБЕДЬ ХАНТЫГАЯ

I

—Где хаким [Хаким—учёный, учитель] Бай-Сугды? Где лебедь Хантыгая?—спрашивал Бурун-хан своих придворных.—Отчего мои глаза не видят славу и гордость моего государства? Где он, слеза радости, улыбка утешения, свет совести—где хаким Бай-Сугды, лебедь Хантыгая?

Мурзы, беки, шейхи, тайши и князьки, присутствовавшие в палатке Бурун-хана, опустили головы и не смели взглянуть на своего повелителя, точно они все чувствовали себя виноватыми. В сущности, они просто боялись огорчить Бурун-хана печальным известием и вызвать его неудовольствие.

—Отчего вы все молчите?—спрашивал Бурун-хан, грозно сдвигая седые брови.—Отчего никто из вас не хочет сказать правды?.. Впрочем, это смешно—требовать правды от людей, которые хотят заменить мне и мои глаза, и мои уши, и мои руки, чтобы лучше пользоваться моей слепотой, глухотой и бездеятельностью... Один хаким Бай-Сугды говорил мне правду, а я не вижу его.

Ещё ниже наклонились старые и молодые головы мурз, беков, тайшей и князьков, и опять никто не посмел проронить ни одного слова. Тогда смело выступила вперёд красавица Джет, любимая дочь Бурун-хана, и, преклонив одно колено, сказала:

—Отец мой, прости мне мою смелость, что я решилась сказать тебе то, о чём молчат другие...

Седые ханские брови распрямились, морщины на ханском лбу исчезли, грозные ханские глаза глянули весело: разве найдётся

32

такой человек, который может рассердиться на красавицу Джет?

—Говори, Джет, моя газель.

—Отец, хаким Бай-Сугды уже давно совсем изменился, так что ты его не узнаешь... Он больше уж не складывает своих чудных песен, которые распевает весь Хантыгай. Да... Хаким Бай-Сугды заперся в своей палатке и никуда не выходит. Вот уже полгода, как он заскучал, а его жёны проплакали свои глаза... Кто-то попортил солнце Хантыгая, и оно скрылось за тучу.

Хан опять нахмурился и велел привести хакима Бай-Сугды, а красавица Джет поместилась за шёлковой занавеской. Когда старый хаким, с длинной седой бородой, вошёл в палатку, девушка тихо заиграла на золотой арфе и запела самую лучшую песню, какую только когда-нибудь сложил Бай-Сугды:

> Алой розой смех твой заперт,
> Соловьиной песни трепет
> На груди твоей таится...

Никто в целом Хантыгае не умел петь лучше Джет, и все лица повеселели, а Бурун-хан посмотрел на хакима с улыбкой. Улыбнулись и мурзы, и беки, и шейхи, и тайши, и князьки, как живое зеркало Бурун-хана. Один хаким Бай-Сугды стоял перед ханом, опустив глаза, и на седых ресницах у него повисли слёзы.

—Хаким Бай-Сугды, лебедь Хантыгая, что сделалось с тобой?— спросил Бурун-хан.—Никто тебя не видит... Может быть, у тебя есть какое-нибудь горе? Может быть, износилось твоё платье? Может быть, твои стада постигло несчастье? Может быть, наконец, ты недоволен мной?..

Поднял голову хаким Бай-Сугды и сказал:

—Всем я доволен, Бурун-хан, и всё у меня есть, даже больше,

чем нужно одному человеку... Я, как пылинка в солнечном луче, купаюсь в твоей милости.

—Может быть, похолодело твоё сердце, хаким Бай-Сугды, и нужна новая пара газельих глаз, чтобы воскресить в нём молодую радость?..

—О, Бурун-хан, у меня семь жён, семь красавиц, и мне достаточно молодых радостей,—с горькой усмешкой ответил седой хаким.

—Что же тебе нужно, Бай-Сугды? Проси всё, и я всё сделаю для тебя... Ты выше меня, потому что я сейчас хан, а завтра меня съедят черви, а ты умрёшь—после тебя останутся живые чудные песни... Ханов много, а хаким Бай-Сугды—один.

—Бурун-хан, у меня есть к тебе просьба: пусть красавица Джет не поёт больше моих песен... И пусть другие девушки их позабудут. Когда птица поёт беззаботно, сидя на ветке, она не предчувствует близкой беды, не видит коршуна, который её схватит. Моя зима пришла, а мой коршун уже летает над моей головой, и я чувствую, как веют его крылья...

—Неужели ты, мудрейший из людей, испугался смерти?

—Нет, хан, не смерти я боюсь, а того, зачем я жил так долго... Моё сладкое безумство пело песни, а ненасытное сердце искало новых радостей. Но теперь нет больше песен... Давно углубился я в учёные книги, в это море мудрости, и чем дальше углубляюсь в них, тем сильнее чувствую, сколько зла я наделал своими песнями. Я обманывал их сладким голосом и молодых, и старых людей, я сулил им никогда не существовавшие радости, я усыплял душу запахом роз, а вся наша жизнь только колеблющаяся тень промелькнувшей в воздухе птицы... Горя, несчастий, нужды и болезней целые моря, а я утешал и себя, и других одной каплей сладкой отравы. Мои песни теперь нагоняют на меня тоску. Бурун-хан, чем больше читаю я мудрые книги, тем сильнее вижу собственное безумство...

34

Отпусти меня, хан! Я пойду в другие государства и найду великих подвижников, которые целую жизнь провели в созерцании и размышлениях: у них истина жизни, которой я хочу поучиться. Вот моя вторая просьба...

Задумался Бурун-хан: жаль ему стало певца Бай-Сугды, славу и гордость Хантыгая. Что же останется, когда улетит этот лебедь? Но хаким Бай-Сугды так сильно изменился, и путешествие будет для него лучшим лекарством.

—Хорошо, хаким Бай-Сугды, пусть будет по-твоему,— согласился Бурун-хан.—Иди, куда хочешь, но только возвращайся, а пока ты путешествуешь—в Хантыгае не будут петь твоих песен. Иди, отыщи истину и принеси её нам...

II

Ханство Хантыгай было очень большое, но в нём хаким Бай-Сугды не знал никого, кто бы был его ученее. Он быстро собрался в путь, нагрузил трёх верблюдов всем необходимым для далёкого путешествия, взял десять человек слуг и отправился в соседнее ханство Чубарайгыр, где жил знаменитый хаким Тююзак.

Целых три недели шёл караван до границы. Хантыгай и Чубарайгыр много лет воевали между собой, разрушали города, пустошили населённые местности, убивали людей и тысячи людей уводили в плен. Счастье было изменчиво, а война прекращалась только тогда, когда войска изнемогали, запасы истощались, и общая нищета заставляла мириться на время. Ханы уверяли друг друга в дружбе, а сами потихоньку готовились к новой войне, чтобы напасть врасплох. Поэтому, когда караван хакима Бай-Сугды показался на границе, то оберегавшая её стража сейчас же схватила верблюдов, а самого Бай-Сугды объявила пленником чубарайгырского хана Майчака. Пленника представили прямо к хану, но когда Майчак узнал, с кем имеет дело и зачем хаким Бай-Сугды заехал в его государство, то предложил ему богатые дары и отпустил.

—Твои песни, хаким, открывают тебе везде счастливый путь,— сказал хан Майчак, счастливый, что видел знаменитого певца.— Если бы у меня был твой дар, я бросил бы своё ханство. Бог тебя да благословит. На обратном пути не забудь навестить меня.

Отправился хаким Бай-Сугды дальше. Ему нужно было проехать опасную Голодную степь, где торговые караваны подвергаются нападению степных разбойников. Так случилось и с ним. На третий день пути караван хакима был окружён разбойниками. Они перевязали слуг и принялись развязывать тюки. Хаким Бай-Сугды не сопротивлялся, а спокойно смотрел на их работу. Это удивило разбойников.

—Разве тебе не жаль своего добра?—спросили они.—Кто ты такой?..

—Я хаким Бай-Сугды из Хантыгая.

—Лебедь Хантыгая?..

У разбойников опустились руки. Они навьючили снова верблюдов, развязали слуг и, не воспользовавшись ничем, отпустили знаменитого певца.

—Мы грабим только купцов и богатых людей,—объяснили они в смущении.—Будет проклят тот человек, который вырвет хоть одно перо из белого крыла лебедя Хантыгая... Твои песни открывают тебе счастливый путь.

Когда караван тронулся в путь, один из разбойников запел:

Алой розой смех твой заперт,
Соловьиной песни трепет
На груди твоей таится...

Опять та же песня, и опять она огорчила хакима Бай-Сугды до глубины души, напоминая ему о его прошлом безумии, преследовавшем его всюду, как бежит тень за человеком.

"О, это моё проклятие!—думал хаким Бай-Сугды, закрывая глаза.—Моя песня преследует меня чёрной тенью".

За Голодной степью начинались дикие горы, в которых жил Тююзак. С величайшим трудом достиг караван до глубокой горной долины, где жил славный хаким. Жилищем ему служила пещера, выкопанная в горе. Путешественники нашли отшельника на берегу горного ключа: здесь он предавался созерцанию. Хаким Бай-Сугды подошёл к нему и поклонился.

—Хаким Тююзак, я пришёл к тебе издалека, чтобы напиться от ключа твоей мудрости...

Тююзак с удивлением посмотрел на пришельца своими столетними глазами и строго проговорил:

—Мудрость не возят на верблюдах... Мудрость не нуждается в пышной одежде. Ты только напрасно потерял своё время...

Два дня провёл Бай-Сугды у Тююзака в душевной беседе. Он рассказал отшельнику всю свою жизнь: как он был молодым и бедным байгушем и как прославился на весь Хантыгай даром песен; как осыпал его богатством и почестями Бурун-хан, как он сам возгордился своими песнями, которые распевал весь Хантыгай, и как он в конце концов задумался, зачем он прожил свою жизнь, и как ошибся, принимая за счастье его обманчивую тень. Столетний Тююзак, с пожелтевшими от старости волосами, выслушал его внимательно и сказал:

—Вся твоя беда в том, Бай-Сугды, что ты своё счастье искал в чём-нибудь внешнем. Ты рад бы был захватить все стада

Хантыгая, всё золото, всё платье, всех красивых женщин. Но ведь ты не поедешь на десяти лошадях разом, не наденешь десять халатов, не съешь и не выпьешь за десятерых. Твоё богатство тебя давило, как ярмо... Вот и теперь, зачем тебе эти верблюды, слуги, тюки с имуществом? Не легче ли тебе идти одному и думать только о себе?

—Ты прав, Тююзак,—согласился Бай-Сугды.—Жаль, что я раньше не подумал об этом.

Он разделил своё имущество между слугами и отпустил их домой.

—Бай-Сугды, ты сделал ещё не всё,—сказал Тююзак,—ступай в ханство Шибэ, там живёт мудрейший из хакимов, Урумчи-Олой... Он тебя научит всему.

От ханства Хантыгая до ханства Чубарайгыра хаким Бай-Сугды ехал три недели, от хана Майчака до хакима Тююзака он ехал тоже три недели, а от хакима Тююзака до хакима Урумчи-Олой он уже шёл пешком целых три месяца. На нём оставалась самая простая одежда из верблюжьей шерсти, какую носили бедные пастухи, а за плечами в тяжёлой котомке он нёс необходимые припасы для своего пропитания. Дорога была трудная, горами, лесами, с трудными переправами, но Бай-Сугды всё шёл вперёд, счастливый уже тем, что, благодаря Тююзаку, освободился от лишней тяжести. В самом деле, для чего ему эти верблюды, слуги и тюки, когда одному человеку так немного нужно?

Хаким Урумчи-Олой, старец ста двадцати лет, жил под открытым небом. Он так оброс волосами, что должен был приподнять свои нависшие, тяжёлые от старости брови, чтобы взглянуть на гостя. Длинная борода спускалась до колен. Сквозь рубища выглядывало жёлтое худое тело.

—Бог да благословит мудрейшего из хакимов!—приветствовал его Бай-Сугды, кланяясь до земли.

Он рассказал Урумчи-Олой про себя всё, как и Тююзаку, и ещё прибавил, что, кроме богатства, его угнетала страстная любовь к женщинам. Да, Бай-Сугды не мог пропустить ни одного хорошего личика, и лучшие свои песни слагал для обольстительных чёрных глаз. У него было семь красавиц жён, которых он любил, когда они были молодыми. Что лучше цвета женской молодости девичьей красоты и покорной ласки тёмных глаз?.. Теперь он стар, но и сейчас женская красота зажигает в нём молодой огонь страстных желаний. Эта жажда томила его целую жизнь и не получила удовлетворения,

—Что ты ел, Бай-Сугды?—сурово спросил Урумчи-Олой, опуская брови.

—Я ел всё, что только мог достать...

—Огонь преступных желаний в нас от пищи... Не ешь мяса, не употребляй пряностей и вина, и он потухнет сам собой. Нужно изнурять своё тело трудом, постом и созерцанием, и только тогда ты приблизишься к истине. Человек, поевший свиньи, сам делается свиньёй, а отведавший крови делается кровожадным... Один мужчина не может любить семь женщин, если он будет жить так, как я сказал. Что такое женщина? Это обман... Он проходит вместе с первой ночью. Посмотри на старую женщину, куда девалась её красота и то, чему ты слагал свои песни? Но я ещё не достиг совершенства, Бай-Сугды... Иди в ханство Катун, там на большой реке спасается великий хаким Эрьгуудзль. От него всё узнаешь...

Горько заплакал хаким Бай-Сугды. И Тююзак и Урумчи-Олой сказали ему правду, заглянув на дно его сердца. О, сколько неправды, зла и похотей он носил в себе целую жизнь и разжигал своими песнями в других... Бай-Сугды бросил свою котомку в пропасть, где по ночам выли шакалы, а сам пошёл вперёд пешком и босой, с одной палкой в руке.

III

От Урумчи-Олой до Эрьгуудзль хаким Бай-Сугды шёл три года. Сколько опасностей он перенёс, сколько труда... Пришлось идти через каменистые горы и страшным лесом. Одежда давно износилась и висела лохмотьями, сквозь которые сквозило пожелтевшее, высохшее тело, а ноги были покрыты глубокими ранами. Но всё перетерпел хаким Бай-Сугды, чтобы достигнуть совершенного из людей и услышать от него слово последней мудрости. Питался он дикими плодами, кореньями и травой, как дикий зверь, и успел позабыть, какой вкус у мяса, сладких вин и сладких плодов. Несколько раз он лежал больной в лесу один и со смирением ждал своего смертного часа. Но Богу было угодно, чтобы его подвиг наградился успехом. Это было в конце третьего года, когда уже стояла весна и всё кругом цвело и ликовало. Хаким Эрьгуудзль жил на берегу громадной реки Чэчэ, и хаким Бай-Сугды заплакал от радости, когда увидел издали её светлые воды, покоившиеся в зелёных берегах. Место было самое красивое, какое только можно себе представить.

—Бог да благословит хакима Эрьгуудзль!—сказал хаким Бай-Сугды, приближаясь к шалашу из пальмовых листьев.

Ему навстречу вышел свежий ещё старик, с красивым лицом, в чистой одежде и с крепким телом. Именно такого старика хаким Бай-Сугды не ожидал встретить.

—Ты устал? Ты хочешь есть? Ты истомился жаждой? Ты нуждаешься в одежде?—спрашивал Эрьгуудзль, ласково улыбаясь.—Вот река Чэчэ, сначала ступай напейся и умойся...

—Я хаким Бай-Сугды, из Хантыгая,—говорил Бай-Сугды в смущении.—Моё прозвание: лебедь Хантыгая...

—Так это ты, тот самый Бай-Сугды, который сложил песню:

Алой розой смех твой заперт...

О, я рад тебя видеть, лебедь Хантыгая, и позволь мне омыть твои израненные ноги, одеть тебя в новое платье и поцеловать, как дорогого гостя. Твои чудные песни долетели и до меня, как залетают редкие птицы в далёкие страны.

Они пришли к реке, и хаким Бай-Сугды с жадностью припал к светлой прохладной влаге. Эрьгуудзль смотрел на него и улыбался. Когда Бай-Сугды утолил жажду и поднялся на ноги, Эрьгуудзль с удивлением его спросил:

—Что же ты, лебедь Хантыгая? Ведь тебя томила смертная жажда, а ты не выпил даже этой реки.

Бай-Сугды подумал, что хаким шутит, и ответил:

—Все мы, когда томит нас жажда, думаем, что целое море воды не утолит её...

Хаким Эрьгуудзль ласково засмеялся и указал на дикую козу, которая на берегу реки общипывала молодой куст.

—Как ты думаешь, лебедь Хантыгая, вырастет это дерево, если коза каждый день будет приходить и ощипывать самые свежие листочки?—спросил он.

—Нет, оно засохнет...

Хаким Эрьгуудзль опять засмеялся, а хаким Бай-Сугды задумался.

Так они прожили три дня. Хаким Бай-Сугды успел отдохнуть, освежился и переменил своё рубище на чистую одежду. Он нарочно ничего не говорил о цели своего путешествия, ожидая первого слова от Эрьгуудзля, а хаким делал такой вид, что точно давно ожидал Бай-Сугды и рад его видеть, как брата. Только на четвёртый день Эрьгуудзль заговорил:

—Лебедь Хантыгая, тебе можно сейчас отправиться домой: ты отдохнул, подкрепил себя пищей и прикрыл тело новой одеждой... Мне не хотелось огорчать тебя, что ты напрасно потерял столько времени и перенёс столько трудов и опасностей; тебя привела сюда твоя гордость и желание быть лучше других. Иди домой и пой твои песни... Каждая слеза, осушенная твоей песнью, и каждая улыбка радости, вызванная ею,—такое счастье, о котором не смеют мечтать и ханы. Да, тебя привела сюда твоя гордость, которой ты и сам не замечал... Она помрачила твоё светлое око, и мир тебе показался тёмным. Ты надеялся на свой ум, но это самый лукавый из слуг, который старается подать тебе то, чего ты ещё не успел пожелать... Счастье наше в одном дне, а правда жизни в своей совести. Ведь жизнь так проста, хаким Бай-Сугды, и её смысл совсем не в том, что ты будешь есть, или во что будешь одеваться. Голодный и голый человек не сделается справедливее оттого только, что он гол и голоден.

—Всё это я понимаю, хаким Эрьгуудзль, и согласен с тобой,— отвечал Бай-Сугды,—но как же спать спокойно, когда вся наша жизнь ничто перед смертью... Никакая добродетель, никакой ум, слава и красота не спасают от уничтожения.

Хаким Эрьгуудзль весело рассмеялся.

—Лебедь Хантыгая, ты боишься того, чего не существует... Смерть—это когда ты думаешь только об одном себе, и её нет, когда ты думаешь о других. Как это просто, лебедь Хантыгая!.. Созревший плод падает на землю—разве это смерть?..

И просветлела душа Бай-Сугды от этих простых слов, и понял он то, чего не досказал хаким Эрьгуудзль: испугала его своя старческая слабость, затемнившая на время свет сердца...

Через десять лет вернулся лебедь Хантыгая домой, и пронеслись по всему ханству его новые песни, как прилетевшие весной птицы: он пел о счастье трудящихся, о счастье добрых и любящих, о счастье простых... Эхом повторяли эти песни и пастухи в степи, и пахарь за плугом, и молодая девушка за прялкой, и старики, согревавшие своё холодевшее тело около огня.

СЛЁЗЫ ЦАРИЦЫ

I

Старый Узун-хан заскучал. Не утешали его больше ни зелёные сады, окружавшие дворец, ни журчавшие фонтаны, ни победы его войска, ни первый ханский советник Джучи-Катэм, которого старый хан называл "лучшим из двух моих глаз", ни сказки хитрой ханской смотрительницы садов Алтын-Тюлгю ("золотая лисица"), ни наконец, учёные рассуждения и стихи придворного поэта и учёного Уучи-Буш ("горсть его пуста"). Цветущий Зелёный Город, в котором были собраны сокровища десяти разорённых Узун-ханом соседних государств, затих в ожидании, чем разрешится тоска хана: может быть, будет объявлена война, или начнутся казни томившихся по клоповникам врагов, или хан развеселится и задаст один из тех пиров, на которых веселились десятки тысяч народа. Но в ханском дворце было тихо, как в могиле; а старый Узун-хан, качая своею дряхлою, трясущеюся головой, говорил Алтын-Тюлгю:

—Алтын-Тюлгю, не повесить ли мне тебя для развлечения, а чтобы тебе одной не скучно было висеть, не вздёрнуть ли рядом с тобою самого учёного человека в свете, Уучи-Буш?

—Солнце не будет светлее, если погасить две жалких, чадящих плошки,—отвечала хитрая Алтын-Тюлгю.—А ханское сердце, как море без берегов: в нём утонет каждый, кто осмелится заглянуть на дно...

Голова у старого Узун-хана тряслась уже давно, а лицо было страшно-жёлтое, сморщенное, с беззубым ртом, отвисшею нижнею челюстью и мутными слезившимися глазами. Это

43

внешнее безобразие скрывалось под дорогим шёлком, редкими мехами, золотом и драгоценными камнями, так что подданные хана, которые видели его издали, считали его по-прежнему, самым могучим, сильным и мудрым из земных царей. Дети тоже не видели близко старого хана, а у него семья была порядочная: сто сыновей и двести дочерей. Одни приближённые знали, что такое Узун-хан, когда-то знаменитый завоеватель, заливший кровью целые государства, разрушивший десятки цветущих городов и обезлюдивший многие соседние области.

Одна надежда оставалась у Алтын-Тюлгю, которая до сих пор не обманывала её: скучавший Узун-хан обыкновенно кончал тем, что утешался в своих придворных садах, в которых собраны были красавицы со всего Востока. Один сад назывался Летафет-Намех (книга прелести), а другой—Баги-Дигишт (ханское небо). Много было собрано в этих садах ханских жён, наложниц и просто "аячек" (женская прислуга), ждавших по целым годам, на которую из них падёт ласковый ханский взгляд,—так цветы ждут ночной росы и сохнут, если небо затворится, как затворилось старое ханское сердце. Но ханское сердце было шире моря и от его взгляда не ускользала ни одна красивая женщина в целом государстве, а первый ханский советник Джучи-Катэм особенно был почтён за свои заслуги, Узун-ханом: повелитель отнял у него мать, жену и дочь. Джучи-Катэм принял эти милости хана с весёлым лицом и, кланяясь в землю, повторял:

—Одно солнце на небе, один Узун-хан на земле и одна голова у ничтожного Джучи-Катэма, которая думает только об одном, как угодить солнцу мира...

—О, Джучи-Катэм, лучший из двух моих глаз, чем я могу наградить тебя достаточно?—спрашивал Узун-хан, тряся своею седою головой.—Одна у меня Алтын-Тюлгю, и когда у ней во рту останется всего один зуб, я отдам её тебе...

Джучи-Катэм и Алтын-Тюлгю ненавидели друг друга, как

собака и кошка, связанные хвостами вместе, потому что никак не могли разделить ханскую любовь пополам. Узун-хан наслаждался их ссорами и заставлял Уучи-Буш мирить их, — великий учёный умел смотреть на всё ханскими глазами и слушать ханскими ушами.

Итак, Узун-хан скучал... Безмолвно стояли ханские сады, как две зелёные могилы, напрасно слонялся по дворцу Уучи-Буш, изобретая новое развлечение для хана, а хитрая Алтын-Тюлгю всё думала и думала, и мысли в её голове метались, как летучие мыши в старой развалине. Весь Зелёный Город не мог придумать больше, чем хитрая старуха. Наконец, она придумала... О, как заиграло её старое сердце, когда счастливая мысль была поймана, и сам учёный Уучи-Буш, тайный её советник и поверенный, сказал ей:

— Алтын-Тюлгю, все учёные всего мира не стоят одной твоей пуговицы, и если бы я был ханом, то велел бы вызолотить тебя... И хан будет рад твоей выдумке, и Джучи-Катэм выпьет чашу испытаний до дна.

Никто в Зелёном Городе не знал о выдумке Алтын-Тюлгю, и только жемчужные фонтаны плакали и жаловались в ночной тиши, когда тихо спал в ханских садах рой красавиц, а соловей громко пел о любви, счастье и вечной радости. Алтын-Тюлгю каждый вечер являлась к Узун-хану и рассказывала ему свои сказки, пока обессиленный старик не засыпал тревожным, старческим сном.

II

Узун-хан призывает к себе рано утром верного своего раба Джучи-Катэм и говорит ему:

—Лучший из двух моих глаз, я много думал всю эту ночь... Всё моё государство спало мёртвым сном, начиная от нищих, погонщиков ослов, странствующих дервишей и кончая военною стражей, приставленной оберегать мой дворец,—да, все спали, и только старый хан не спал. Он думал, что живёт несправедливо, и пролил много напрасных слёз. Хан такой же человек, как и другие,—у него не десять желудков, как у верблюда, не тысяча глаз, как у дракона, и всего одно сердце. Не так ли, великий учёный Уучи-Буш?..

Великий учёный только закрыл глаза от умиления и приложил руки к сердцу; а в другой комнате, спрятавшись за занавеской, радовалась Алтын-Тюлгю. Конечно, Узун-хан стар, и ему тяжело носить своё собственное тело, но ум у него всё такой же острый, как и раньше,—самой Алтын-Тюлгю не сказать так, как скажет Узун-хан.

—Справедливо ли, если один человек возьмёт себе тысячу молодых и красивых женщин?—продолжал хан, тряся головой.—Он походит на того безумца, который, чтобы утолить жажду, не напьётся досыта из одной реки, а бежит к следующей реке с новою жаждой и так далее, пока не падёт в изнеможении. Наш придворный учёный Уучи-Буш, рискуя потерять свою мудрую голову, именно так и заявил: "это несправедливо". Он не побоялся даже ханского гнева и сказал прямо: "ты, Узун-хан, стар и тебе необходимо подумать о твоих заблуждениях, чтобы исправиться хоть под конец жизни". Уучи-Буш сказал правду, и я награжу его по-царски за его смелость. Да, я был не прав... И всего больше я был не прав пред тобой, Джучи-Катэм, лучший из двух моих глаз, потому что обесчестил твою мать, отнял жену и опозорил дочь. Теперь я стар и хочу исправиться... Взгляни на голубей, на лебедя, на соловья, на медведя, на льва, как они живут? Самая кроткая птица, самая белая птица и самая сладкозвучная птица живут парами, как велел им Бог. Царь пустыни—лев тоже живёт с одною подругой, потому что он должен служить всем другим зверям примером. Я хочу сделать тоже, Джучи-Катэм, и выбираю тебя своим помощником... Ты знаешь, что каждую весну мои приставники объезжали всё государство и выбирали для моих садов самых красивых девушек, другие приставники отправлялись в другие государства и покупали лучших невольниц, — я ничего не жалел, чтобы лучшие розы цвели в Баги-Дигишт и в Летафет-Намех. Но мои приставники обманывали меня: моё сердце оставалось холодно, потому что они не могли найти именно той девушки, которая сделала бы меня счастливым. Ты, лучший из двух моих глаз, сделаешь это, и великий мудрец Уучи-Буш уже предсказал тебе полный успех... Иди и найди ту, которая возвратит мне мою молодость, счастье и веселье. Обманывавших меня приставников я велю повесить, а тебе отдам в награду всё их имущество, жён и детей. Твоим помощником будет ученейший Уучи-Буш...

Джучи-Катэм поклонился хану в землю и вышел. Он не верил ни одному слову хитрого старика, — под каждым ласковым словом Узун-хана скрывалась ядовитая змея. Перед казнью он ласкал своих врагов и наслаждался их доверчивостью, а тех, кто ему был полезен, преследовал утончёнными пытками, как было с ним, Джучи-Катэм.

Как сказал хан, так и сделал. Вечером Джучи-Катэм получил пять мешков с головами казнённых приставников и живого Уучи-Буш, который был глуп, как семь баранов вместе. Весть о желании хана отыскать себе жену уже облетела Зелёный Город, и в ханских садах произошёл страшный переполох. Это был не обычный весенний набор ханских невольниц, а что-то новое, что заставило задуматься старых ханских жён и всех матерей ханских жён и всех матерей ханских детей. Что-то будет, когда явится эта одна девушка! Стоны и плач поднялись в ханских садах, где томились ханские красавицы, и только громко распевал невидимый ни для кого соловей, напрасно утешавший сгоравшие от любви розы.

А Джучи-Катэм уже принялся за дело. В его распоряжение были отданы все войска, стоявшие по областям. Из тысяченачальников и сотников образовалась громадная свита, обязанная повиноваться каждому его взгляду. Народ привык к подобного рода зрелищам, и чадолюбивые родители с завистью думали о той счастливице, которая войдёт царицей в Зелёный Город. Тысячи девушек в возрасте от четырнадцати до шестнадцати лет ждали, как праздника, появления Джучи-Катэма: каждая мечтала быть ханшей. Все были довольны, и только один Джучи-Катэм ехал такой грустный и задумчивый, — его беспокоило предчувствие чего-то нехорошего. Когда подчинённые обращались к нему за чем-нибудь, он хмурился и говорил:

—Спросите Уучи-Буш, он всё знает...

Пресмыкавшийся при дворе великий учёный теперь находился наверху блаженства и ехал верхом на коне с видом счастливого завоевателя, вступившего в только что побеждённую страну. В самом деле, их везде так хорошо принимали, как князей, а Уучи-Буш любил почёт, жирную баранину и безделье. В каждом городе к нему являлись депутации от местных учёных, и в честь светила науки читались раболепные стихи, от которых могла закружиться голова даже у верблюда, но Уучи-Буш прикидывался скромным и не хотел проронить ни одного зерна своей мудрости. Зато как гордо поднимал он голову в маленьких селениях и местечках, точно пророк. Да и новые обязанности так нравились старому учёному, и он лично осматривал всех девушек, чтобы напрасно не беспокоить недостойных далёким путешествием к ханскому двору.

Таким образом, в три месяца они объехали почти всё государство и набрали тысячи девушек.

—Теперь можно будет и самим вернуться, — решил Джучи-Катэм. — Ханское повеление исполнено...

—Нет, мы должны объехать всё государство, — спорил Уучи-Буш с непонятным упрямством. — Мы должны осмотреть все уголки, чтобы вернуться к хану с чистою совестью... Может быть, счастье хана спряталось где-нибудь в глуши.

Конечно, Уучи-Буш, был глуп, но это упрямство встревожило Джучи-Катэм, и он возненавидел пустую голову величайшего в свете учёного. Недаром же старый хан послал с ним этого старого болтуна, и сердце Джучи-Катэм наполнилось подозрением. Ужели во всём этом скрыта была ловушка для него?

III

На севере владения Узун-хана заканчивались Голодною Степью. Когда-то здесь была цветущая страна, но Узун-хан завоевал её, разрушил города, одну часть жителей перебил, а остальных выселил в другие области. Где каждый клочок земли был возделан, где зеленели фруктовые сады, и по два раза в год поля одевались тучными нивами, — там сейчас разлеглась голодная пустыня, и только гулял по ней степной ветер, засыпавший мелким песком развалины городов, водоёмы и громадную сеть арыков. Иссякла вода, и над Голодною Степью царила смерть. Обходили её торговые караваны, пастухи с своими стадами и даже степные разбойники. Узун-хан гордился этою степью, как доказательством своего могущества: одно его слово превращало целые государства в пустыню. Так делали все великие завоеватели. От Зелёного Города до Голодной Степи было десять дней пути, но вот уже сорок лет никто сюда не ездил и не ходил, за исключением редких охотников, посещавших иногда лесистый горный хребет Чолпан-Тау, где скрывались по лесным чащам олени и маралы.

Но жизнь притаилась и в Голодной Степи, именно на северном склоне Чолпан-Тау, где громоздились скалы и голые утёсы. Там в пещере жил столетний старик Байгыр-хан, один из князей царившего когда-то в Голодной Степи ханского рода, истреблённого Узун-ханом. Когда-то он был лучшим джигитом, имел громадные стада, сады, возделанные поля и большую семью, но всё это исчезло, благодаря завоеванию. Байгыр-хан дрался, как лев, защищая свою родину, и когда всё было кончено, ушёл в Чолпан-Тау, чтобы здесь на неприступных высотах дорого продать жизнь своему счастливому врагу. С ним в горы ушла горсть степных батырей. Эти герои целый год защищались в горах, пока не были перебиты до последнего. Был убит и Байгыр-хан, т. е. его сочли убитым. Но он лежал только в беспамятстве и очнулся, когда враги ушли. Да, Байгыр-хан очнулся и пожалел, что остался жив. У него ещё оставались глаза, чтобы оплакивать несчастья целого народа. Он навсегда поселился в Чолпан-Тау, с каменистых высот которого открывался вид на Голодную Степь. На его глазах степной песок хоронил вытоптанные поля, разрушенные города и дорогие могилы,—нет, вся Голодная Степь была одною сплошною могилой, и Байгыр-хан сидел на своей скале, как горный орёл с перебитыми крыльями. Сначала он хотел мстить Узун-хану, потом стал думать, что за него отомстят другие, и, наконец, решил, что за сделанную несправедливость заплатит кровожадному завоевателю сам Бог. Года шли над Чолпан-Тау быстрою чередой, а Байгыр-хан превратился в отшельника. Он питался горными травами, кореньями и тем, что давала охота, и всё углублялся в размышления. О его существовании знали только несколько человек переселенцев из Голодной Степи, иногда навещавших старика со всеми предосторожностями, чтобы не выдать его Узун-хану. Когда Байгыр-хану было уже девяносто лет, к нему привезли четырёхлетнюю девочку, последнюю отрасль царившего когда-то в Голодной Степи ханского рода. Эта была такая тайна, о которой не подозревал даже сам Байгыр-хан. Он сначала не верил, но потом, когда заплакали столетние очи, сердце Байгыр-хана раскрылось: Бог велик и недаром он, Байгыр-хан, прожил в своих горах столько лет,—радость к нему слетела как птица.

—Я чувствую, что это моя кость[2], —сказал Байгыр-хан, целуя четырёхлетнего ребёнка. —Бог велик и послал мне последнее утешение...

Девочку звали Кара-Нингиль ("чёрный жемчуг"), и она поселилась в одной пещере с Байгыр-ханом. Старик ожил, точно родился во второй раз, и каждое утро приносило ему новую радость. Чёрными большими глазами Кара-Нингиль смотрела на него новая жизнь, а её улыбкой улыбалось будущее. Явились две козы, собака, детские игрушки, которые мастерил Байгыр-хан с особенным удовольствием. По вечерам, когда солнце спускалось к горизонту, старик долго сидел где-нибудь на камне, смотрел вниз, где разлеглась широкою полосой Голодная Степь, и пел про старых батырей, про удивительных красавиц и про жестокого Узун-хана. Он не помнил, кто сложил эти песни—он ли сам, или кто другой, но душа требовала живого слова, чтобы нарушить мёртвую тишину теснившихся кругом гор. Кара-Нингиль слушала песни Байгыр-хана и сладко засыпала на его коленях невинным детским сном. Девочка росла, как росли кругом лесные цветы и пахучие горные травы, с тою разницей, что цветы не умеют улыбаться и не плачут над несчастьями напрасно погибших людей. Кара-Нингиль точно выросла в этом сказочном царстве мёртвых, как на могилах вырастают зелёные деревья. А Байгыр-хан точно помолодел с ней и был уверен, что не умрёт пока Кара-Нингиль не вырастет совсем большою горною красавицей.

Целые дни Кара-Нингиль проводила в лесу и знала каждый уголок на ближайших горах. Она не боялась ходить одна и карабкалась по скалам, как горная коза. Любимым её местом была Кузь-Тау (Гора-Глаз), на скалистой вершине которой сохранились развалины старой крепости; когда она была построена, кем и для чего—не помнит даже Байгыр-хан, а Кара-Нингиль любила это место потому, что с него открывался

---

[2] Кость —род.

51

великолепный вид почти на весь Чолпан-Тау и Голодную Степь, уходившую из глаз жёлтым ковром. Байгыр-хан называл Кузь-Тау проклятым местом, на котором даже не растут цветы, и не любил ходить туда. Да и трудно было столетнему старику подниматься на такую кручу, — на Кузь-Тау он отбивался от своих неприятелей и здесь был ранен в последний раз. Толстые, старые стены, сложенные из дикого камня, служили прекрасною защитой, и только недоставало воды — глубокий колодезь, устроенный в крепости, давно обвалился и в нём жили змеи да летучие мыши.

В двенадцать лет Кара-Нингиль сделалась задумчивою девушкой и почти каждый день уходила на Кузь-Тау, — сядет на выступ стены и долго-долго смотрит в даль, где синее небо сливается с жёлтою степью. Ей казалось, что именно оттуда явится один из тех батырей, о которых пел Байгыр-хан. Иногда она даже слышала топот конской скачки и далёкие голоса, но всё это происходило только у ней в голове, и Кара-Нингиль даже вздрагивала. Однажды, когда она сидела таким образом на Кузь-Тау, до её слуха донёсся далёкий звук охотничьего рога и лай собак. Девушка испугалась, вспорхнула, как птичка, и понеслась к своей пещере.

— Дедушка, там, в горах, кто-то есть, — говорила она Байгыр-хану. — Я сама слышала... Мне страшно.

— Это шайтан трубит, — говорил старик. — Кому быть в горах?.. Я живу здесь сорок лет и никого не видал... Это показалось тебе, шайтан пугает.

На этот раз Байгыр-хан ошибся: по горам рыскала ханская охота. Из ханской свиты отбился лучший охотник и заблудился в горах. Далеко залетел сокол, а за ним ускакал джигит на золотистом аргамаке. Когда Кара-Нингиль бежала с Кузь-Тау, джигит заметил её и скоро отыскал пещеру, где скрывался Байгыр-хан. Это был настоящий батырь, летавший на своём аргамаке, как птица. Когда он спешился у пещеры, Байгыр-хан сказал:

—Сорок лет живу в горах, а первого живого человека вижу... Заходи, гость будешь.

Батырь только улыбнулся:

—Сколько тебе лет, старик?—спросил он.—Сто лет ты прожил на свете, а обманывать не научился.

Байгыр-хан испугался, но только покачал головой и сказал:

—Столетний старик обманул оттого, что испугался, а ты, батырь, с собой возишь свой страх...

Эти слова заставили батыря задуматься,—старик угадал.

—Меня привёл сюда мой сокол, и я не сделаю тебе никакого зла,—ответил он, опуская глаза.—А действительно есть у меня горе... Ты всё знаешь, отшельник, и я расскажу тебе.

Батырь начал рассказывать, как Узун-хан обесчестил его мать, отнял жену и опозорил дочь, и что он отомстит ему. Байгыр-хан слушал его и качал своею седою головой. Зачем мстить?.. Бог велик, и у всякого своя радость. Нужно жить так, чтобы самому не обижать других. Улыбнулся батырь, расспросил про дорогу и уехал.

Ровно через год он приехал опять, но теперь уже один, и привёз Байгыр-хану целый тюк дорогих подарков.

—Отдай это своей девочке,—сказал он.—Будет большая— пригодится.

Байгыр-хан опять покачал головой, рассматривая дорогие подарки; батырь был не простой человек, и не сокол привёл его сюда, а, может быть, сама судьба. Он позвал Кара-Нингиль, велел ей поблагодарить батыря, а подарки возвратил. Взглянул батырь на Кара-Нингиль, на её тёмные опущенные глаза, на стройный стан, на румяные щёки и только вздохнул.

—Через год приеду...—сказал он.

Забилось, как подстреленная птица, сердце батыря, ещё ниже опустила свои тёмные глаза Кара-Нингиль, и когда батырь уехал, и пропал топот его лошади, она всё стояла на одном месте, как очарованная. Байгыр-хан даже рассердился на неё, в первый раз рассердился, как жили они вместе десять лет, и долго ничего не говорил. Старик думал своё, Кара-Нингиль — своё.

Через год батырь действительно явился, но теперь он приехал не один, а с громадною свитой. С ним был Уучи-Буш, осматривавший невест. Великий учёный узнал про Кара-Нингиль, как лучшую красавицу, и взял её в число невест Узун-хану. Батырь Джучи-Катэм ничего не сказал Байгыр-хану — тёмная ночь лежала у него на душе. Он вперёд знал, что Кара-Нингиль, его возлюбленная Кара-Нингиль, которую он сторожил, как зеницу ока, сделается избранницей Узун-хана. Злую шутку подшутила над ним Алтын-Тюлгю, но все они дорого заплатят ему за отнятую невесту... О, железное сердце билось в груди Джучи-Катэм, а на дне души лежала холодная змея.

—Я, Джучи-Катэм, отомщу за всех,—сказал он на прощанье плакавшему Байгыр-хану.—За каждую напрасно пролитую слезу Кара-Нингиль заплатят мне по голове.

IV

За Зелёным Городом, где, потонув в садах, течёт быстрый Ик, вырос новый город из разноцветных палаток—здесь собраны были красивые девушки со всего государства, и у каждой была своя палатка. Прежде чем сделать выбор, всех их ещё раз осматривали новые приставники, знахари и опытные старухи, состоявшие при ханских дворах надзирательницами. Исполнив своё поручение, Джучи-Катэм думал уже получить свободу, но Узун-хан сказал:

—Всякое хорошее дело нужно доводить до конца... Тебе трудно одному управляться с девичьим городом, Уучи-Буш слишком учён для этого, а потому я назначаю тебе помощницей Алтын-Тюлгю.

Кара-Нингиль жила в своей палатке уже второй месяц, и ей было весело. В шумной толпе весёлых девушек она забыла и горы Чолпан-Тау, и свою пещеру, и самого Байгыр-хана. Молодое сердце рвалось от радости в ожидании неизвестного будущего. По вечерам она подолгу сидела на берегу быстрого Ика и всё слушала, как шумит засыпающий Зелёный Город: ревели верблюды, скрипели арбы, блеяли бараны и ржали лошади. Как ей хотелось увидать этот город, в котором живёт великий Узун-хан: хоть бы одним глазком посмотреть! Попасть в ханши она не думала—мало ли красивых девушек и без неё. Ей надоедали только приставники, которые приходили каждый день и осматривали её, как лошадь; один осматривал зубы, другой—глаза, третий—волосы, руки, шею. Старухи обходили все палатки по ночам и наблюдали, спокойно ли спят красавицы и нет ли у них дурных примет, которые можно скрыть днём. Джучи-Катэм она видела только издали, и он точно не хотел её узнавать, что её огорчало. Неужели батырь так скоро успел забыть её и не чувствует, как бьётся её сердце, когда он проходит мимо её палатки?

Но зато как весело было днём, особенно утром, когда все девушки отправлялись купаться в Ик! Никто не смел подъехать к Девичьему Городу на триста шагов, потому что его оберегали отряды ханской стражи, и девушки могли резвиться на свободе, как хотели. Только раз во время такого купанья на реке показалась лодка, перепугавшая всех; это был сам Узун-хан, хотевший полюбоваться купавшимися красавицами. Кара-Нингиль не хотела верить, что сгорбленный жёлтый старик, у которого так страшно тряслась голова, и есть Узун-хан, о котором она так много слышала. Невелика радость сделаться женою такой гнилой куклы,—уж лучше было бы остаться в Чолпан-Тау.

В другой раз Кара-Нингиль страшно испугалась, когда ночью в её палатку, как тень, вошла какая-то женщина. Эти отвратительные старухи мешали даже спать.

—Не бойся меня, Кара-Нингиль,—заговорил молодой женский голос, что ещё больше удавило девушку.—Я пришла тебе сказать, что именно ты будешь нашей ханшей. Это уже решено... Меня зовут Ак-Бибэ, я дочь Джучи-Катэм, которого ты знаешь. Узун-хан тоже любил меня, всего один день любил, а потом отдал в Летафет-Намех, где таких несчастных девушек сотни. Все мы будем теперь служить тебе одной, как своей царице... Тебе строят уже новый дворец.

—Я тебя не знаю, Ак-Бибэ,—ответила Кара-Нингиль,—и не знаю, что тебе нужно от меня.

—Что мне нужно?—спросила Ак-Бибэ и вдруг заплакала, горько и неутешно заплакала.

—О чём ты плачешь, Ак-Бибэ?

—Плачу и о себе, и о тебе, Кара-Нингиль... Ты ещё такая молоденькая и совсем не знаешь, как страшно жить на свете такой красавице, как ты. Мой отец Джучи-Катэм полюбил тебя и хотел жениться, но об этом узнала Алтын-Тюлгю и назло отцу захотела сделать тебя ханшей,—у бедного отца всё было отнято и нужно было ещё отнять невесту...

Ак-Бибэ горько плакала и рассказала Кара-Нингиль все злодейства Узун-хана. Этот полусгнивший старик может ещё радоваться только муками, страданиями и унижением других. Чем лучше человек, тем приятнее Узун-хану мучить его. Дальше Ак-Бибэ рассказала Кара-Нингиль, как плачут и убиваются теперь все женщины в Летафет-Намех и в Баги-Дигишт, как ненавидят её, будущую царицу, все сто ханских сыновей и ханские дочери, и как будут проклинать собранные в Девичьем Городе тысячи красавиц, когда узнают о выборе Узун-хана.

—Я никому не сделала зла...—шептала Кара-Нингиль.—Но, слушая тебя, я поняла только одно, что мне не следовало родиться или навсегда остаться в Чолпан-Тау.

—У всякого человека своя судьба, от которой не уйдёшь. Нужно делать то, к чему ведёт судьба.

—А что нужно делать?—спросила Кара-Нингиль.

—Когда придёт время, я тебя научу,—ответила Ак-Бибэ.—Красивые девушки родятся на свет для горя...

Ночь кончилась и Ак-Бибэ ушла, чтобы пройти незамеченною в свой Летафет-Намех. Если бы её заметили, то сейчас же казнили бы, потому что ханские жёны не должны были переступать порога своих садов. Когда она ушла, Кара-Нингиль горько заплакала,—она вперёд возненавидела и Узун-хана, и своих приставников с Алтын-Тюлгю во главе, и самого Джучи-Катэм, любовь которого привела её к гибели. Если её все ненавидят, как будущую ханшу, то и она всех тоже ненавидит... Всю ночь громко пел соловей над палаткой Кара-Нингиль, и всю ночь плакала Кара-Нингиль. Ей хотелось умереть такою, какою она была сейчас,—молодою, красивою, как те сказочные красавицы, о которых пел ей Байгыр-хан.

Утром, когда Кара-Нингиль проснулась, посещение Ак-Бибэ показалось ей каким-то тяжёлым, ужасным сном. Она точно умерла в эту ночь и проснулась другою.

Как говорила Ак-Бибэ, так и вышло.

Когда кончилось испытание собранных девушек, из каждого десятка выбрали по одной,—получилось всего несколько десятков красавиц и Кара-Нингиль попала в их число. Из этих десятков выбрали всего семь—Кара-Нингиль попала и в это число. Из этих семи выбрали одну, и эта одна была Кара-Нингиль. Загремели трубы в Зелёном Городе, возликовал весь народ и возрадовалось сердце старого Узун-хана, когда он увидел в первый раз Кара-Нингиль. Её палатка из разноцветной шёлковой материи стояла теперь посредине Девичьего Города и над ней развевались яркие флаги, а сама Кара-Нингиль была разодета в шёлковые платья, в золото и дорогие каменья. Но под этим шёлком, золотом и дорогими каменьями спряталось чёрное, бессильное горе, давившее молодое сердце Кара-Нингиль, как могильная плита.

V

Свою свадьбу Узун-хан захотел отпраздновать в Девичьем Городе, где шли усиленные приготовления. В центре устроен был шёлковый розовый шатёр на золотых столбах, кругом него шли одна за другой три ограды из шёлковых занавесей— зелёная, жёлтая, синяя. Издали этот шатёр, украшенный флагами и расшитый золотом, походил на громадный цветок. Внутри всё было убрано дорогими коврами, шёлковыми подушками, а посредине стояла широкая кровать из золота. Другие палатки образовали широкий полукруг. Узун-хан не хотел радоваться один и раздарил остальных девушек своим приближённым, военачальникам и любимцам. Досталась жена даже Уучи-Буш, правда, самая некрасивая, но недостававшую жене красоту должна выкупать мудрость великого учёного. Не досталось жены только Джучи-Катэм, которому Узун-хан сказал:

—У тебя, лучший из двух моих глаз, не должно быть другой радости, кроме моей... Ты будешь постоянно при мне, вместе с Алтын-Тюлгю.

Чтобы царской невесте не быть одной, Узун-хан велел ей выбрать аячек из обоих садов, и Кара-Нингиль выбрала одну Ак-Бибэ, а по её указаниям и других. Когда Узун-хан узнал о сделанном выборе, то весело рассмеялся.

Ко дню свадьбы в Зелёный Город со всех сторон пришли и приехали любопытные люди, желавшие видеть своими глазами, как радуется великий хан. Когда в городе не хватило места, поселились в палатках за городом, где в зелёных берегах весело катился быстрый Ик. Всё это радовало сердце Узун-хана, и он велел выстроить вокруг Девичьего Города все свои войска, — пусть все радуются, кто делил с ним труды и опасности войны. По обычаю, невеста должна была приехать во дворец хана, но на этот раз Узун-хан изменил его и сказал:

— Не земля ходит вокруг земли, а солнце, так и ханское сердце...

Уучи-Буш выбрал самый счастливый день для свадьбы, как говорила ему его мудрость.

У Кара-Нингиль было столько ханских подарков, что если бы надеть на неё все шёлковые материи, золото и камни, то её раздавила бы эта тяжесть. К ней в шатёр имели право входить только её аячки и Алтын-Тюлгю, а из мужчин один Джучи-Катэм. В свадебную ночь он должен был спать в шатре, охраняя спокойствие новобрачных, — бо?льшего наказания не мог бы придумать сам дьявол. Но у Джучи-Катэм в груди билось железное сердце, и он ходил с весёлым лицом, точно женился на Кара-Нингиль не Узун-хан, а он. Это ввело в заблуждение и Кара-Нингиль: о, Джучи-Катэм никогда не любил её!.. Чему он радуется?.. Все кругом радовались, и одна Кара-Нингиль плакала потихоньку от всех.

Утром в день свадьбы Джучи-Катэм шепнул ей:

— Не бойся, моя радость, и слушайся во всём Ак-Бибэ, как будто бы говорил это я. Когда я вижу тебя во сне — я умираю, а просыпаюсь и вижу тебя наяву—ещё раз умираю... Ты будешь царицей, моё сердце.

Эти слова ободрили Кара-Нингиль. Ведь кругом были все чужие, и она знала одного Джучи-Катэм,—знали его её сердце и глаза. О, он такой красивый и мужественный, настоящий, батырь! Одно его слово стоило всего её девичьего горя.

Рано утром в Зелёном Городе протрубила первая труба, а ей ответила из Девичьего Города другая. Это послужило сигналом для праздника. Тысячи людей, разодетых в лучшие платья, ожидали с нетерпением редкого праздника. Между двумя городами расположились двумя живыми стенами войска. Перед шатром Кара-Нингиль в полукруг были устроены места для пира, а для Узун-хана и Кара-Нингиль один высокий трон под жёлтым шёлковым балдахином. С этого места Узун-хан должен был показать всему народу новую царицу.

Громко били барабаны, трубили трубы, играла всякая музыка, только глухо затворилось сердце одной Кара-Нингиль. Страшная минута быстро приближалась, как грозная туча. Над Зелёным Городом уже стоит целое облако пыли, поднятое лошадиными копытами. Издали несётся гул человеческих голосов, точно гудит морской прибой. Когда показался из дворца сам Узун-хан, поднялся такой крик радости, что, казалось, сама земля дрогнула. Он ехал со своею свитой верхом, и чем ближе подъезжал к Девичьему Городу, тем сильнее играла музыка, а народ бежал вслед толпами, как выступившая ив берегов вода. Задрожало сердце у Кара-Нингиль, но она перемогла себя, чтобы встретить жениха с весёлым лицом. Когда поезд уже въезжал в Девичий Город, девушкой овладел страх опять, но она ещё раз победила себя и точно вся застыла.

—Скоро всё кончится...—шептала Ак-Бибэ, прислуживавшая Кара-Нингиль аячкой.—Ты будешь царицей... и будешь одна.

Когда Узун-хан подъехал к шатру, Кара-Нингиль должна была его встретить во главе своей женской свиты. Уучи-Буш прочитал стихи и жениху, и невесте, что было его обязанностью, а Джучи-Катэм помог спуститься Узун-хану с лошади, вернее, снял его с седла, как подстреленную ворону. Узун-хан взял Кара-Нингиль за руку и ввёл её на царское место, рядом с собой, чтобы весь народ видел новую царицу. Играла музыка, били барабаны, тысячи народа и всё войско кричали, как сумасшедшие. Для праздника было зарезано стадо быков, тысяча баранов и везде были расставлены бочки с вином. Ликовал и радовался весь народ, как ханское сердце, а Уучи-Буш читал новые стихи в честь уже новобрачных и певцы пели их под аккомпанемент музыки.

—Любишь ли ты меня, царица?—спрашивал Узун-хан, тряся головой.

—Разве тебя можно не любить, мой повелитель?—отвечала Кара-Нингиль.

—О, не повелитель, а подданный...—шептал расслабленный страстью старик и у него даже глаза слезились от радости.

Пир продолжался целый день, пока не закатилось солнце, и пока Узун-хан не отдал приказ разойтись всем. Девичий Город сразу опустел, только кругом огненным кольцом охватили его костры парадной стражи, да играла музыка. Напуганные шумом соловьи сегодня не пели, и сердце Кара-Нингиль замерло, как те птицы, которые в холодную зиму замерзают на лету.

В шатре оставалась она теперь одна с Узун-ханом. Джучи-Катэм почтительно стоял у входа и ждал приказаний. Алтын-Тюлгю и аячки толпились, как овцы, в первой ограде,—они должны были раздевать невесту, когда Узун-хан ляжет в постель.

—Нравится тебе моя невеста?—спрашивал Узун-хан верного слугу Джучи-Катэм.—Это звезда, которая упала для меня с неба...

Когда аячки совсем раздели Узун-хана, и он улёгся в постель, на дорогой ковёр, Джучи-Катэм подал условный знак своей дочери Ак-Бибэ. Все аячки бросились к хану, закрыли его сверху шёлковым брачным одеялом и, схватив ковёр за края, принялись трясти, катавшегося под одеялом, Узун-хана. Это была почётная казнь для всех принцев крови, потому что существовал закон, по которому "солнце не должно было видеть ханской крови". Всех аячек было больше двадцати и они так сильно трясли ковёр на воздухе, что старик скоро перестал кричать, и его дряхлое, грешное тело каталось под одеялом, как кусок масла, когда трудолюбивая хозяйка сбивает молоко. Джучи-Катэм только распоряжался,—криков хана не было слышно за звуками игравшей у шатра музыки. Помертвевшая от страха Алтын-Тюлгю ползала теперь у ног Джучи-Катэм и молила о пощаде, но он ей только указал на стоявшую в углу Кара-Нингиль.

—Вот наша царица: проси помилования у неё...

Всё это произошло так быстро, что Кара-Нингиль опомнилась только тогда, когда Узун-хан был уже мёртв. Джучи-Катэм опустился перед ней на одно колено и сказал:

—Великая царица Кара-Нингиль, отныне ты одна наша повелительница...

Кара-Нингиль строго посмотрела на Джучи-Катэм и ответила:

—Если ты будешь служить мне так же как Узун-хану, та я тебя оставлю при моём дворе в прежней должности... Объяви народу через бирючей, что великий Узун-хан скончался от радости. Да будет благословенно имя великого хана и моего мужа!..

Когда Зелёный Город проснулся на другой день, ханская стража, стерёгшая Девичий Город, уже провозгласила царицей Кара-Нингиль. За ней последовали все другие войска, и Кара-Нингиль при звуках труб вступила в Зелёный Город, где и заняла ханский дворец. По приказанию Джучи-Катэм, все сто сыновей Узун-хана были перерезаны в эту же ночь, а дочери заключены в Баги-Дигишт до распоряжения новой царицы. Он ехал в торжественной процессии, когда Кара-Нингиль вступила в Зелёный Город, рядом с царицей и раскланивался с кричавшим от восторга народом, как ни в чём не бывало. Кара-Нингиль ничего не знала о несчастной судьбе убитых принцев и радовалась, как вырвавшаяся на волю птица, — она осталась девушкой, какой была в Чолпан-Тау.

Уучи-Буш встретил её при вступлении во дворец теми стихами, какие были приготовлены на этот случай для Узун-хана. Город опять ликовал... Что же? Великий Узун-хан умер от радости и есть новая царица. Мёртвый Узун-хан лежал в шатре один, как издохший осёл: даже старые верные слуги перебежали на сторону новой царицы. Всякому было до себя, а старый хан не нуждался больше ни в чьём участии, кроме облепивших его мух.

VI

Когда Кара-Нингиль узнала о произведённой Джучи-Катэм резне, сердце её ужаснулось. Убито сто ханских сыновей — это такая страшная жертва, которой куплено было её ханство. Она призвала к себе Джучи-Катэм и объявила ему:

— Джучи-Катэм, я теперь знаю, чем я обязана тебе... Раньше мне казалось, что я любила тебя. У тебя сердце тигра, Джучи-Катэм...

— Я только мстил за свой позор... — ответил Джучи-Катэм, опуская глаза. — Узун-хан всё отнял у меня, и я двадцать лет таил в себе эту месть. Теперь ты царица и Джучи-Катэм будет ягнёнком.

Но Кара-Нингиль не верила батырю и старалась не видеть его. Даже Алтын-Тюлгю, и та оправдывала Джучи-Катэм: разве мог он поступить иначе, когда все ханы, вступая на престол, вырезывают своих соперников до последней головы? "Так велось исстари и так будет всегда",—уверяла старуха, трепетавшая за свою голову.

Те ханские жёны-наложницы, которые участвовали в умерщвлении Узун-хана, сделались теперь приближёнными Кара-Нингиль, и во главе всех стояла смелая девушка Ак-Бибэ. Через неё Кара-Нингиль знала всё, что делается в Зелёном Городе, что говорится в войсках про новую царицу, и даже что происходит в самых отдалённых провинциях.

Когда Узун-хан был похоронен с подобающею великому человеку пышностью, и над его могилой вырос громадный памятник, Кара-Нингиль уничтожила оба ханских сада, а томившихся в них красавиц выдала замуж за лучших военачальников. Были довольны и бывшие ханские жёны, получившие молодых мужей, а также и мужья, получившие красивых жён с богатым приданым. Всё войско сказало, что Кара-Нингиль мудрая женщина. Остались около Кара-Нингиль только те, которые составляли её свиту в Девичьем Городе. Их она не отпустила: она не знала мужа, и они не должны были выходить замуж. Это служило как бы платой за убийство Узун-хана.

Когда ханские сады опустели, Кара-Нингиль захотела их осмотреть. Ведь, об этих садах ходили волшебные рассказы,—в них Узун-хан собрал все сокровища, награбленные в Средней Азии, в Китае и Персии. Назначен был день для этого осмотра, и когда Кара-Нингиль вошла в Летафет-Намех в сопровождении своей свиты, все цветы повяли на её глазах. То же самое повторилось и в Баги-Дигишт. Это очень огорчило Кара-Нингиль, и она не захотела осматривать роскошных дворцов, где томились в своей золотой неволе ханские жёны, наложницы и невольницы.

—Это сделал какой-нибудь колдун.—объясняла Алтын-Тюлгю, испуганная не меньше царицы.—Мало ли на свете дурных людей.

Уучи-Буш подтверждал мнение Алтын-Тюлгю, но Кара-Нингиль была грустная и думала про себя:

"Цветы не выносят моего присутствия, потому что из-за меня столько пролито невинной крови..."

Она теперь стала бояться каждого цветка. В ханском дворце не было цветов, и она могла оставаться спокойной, но это её ужасно мучило, хотя она никому и не говорила. Проходили дни недели, месяцы, а Кара-Нингиль всё думала об одном. Несколько раз через Алтын-Тюлгю она тайно доставала цветы, и каждый раз они умирали на её глазах, точно на них дохнул холодный северный ветер. Кара-Нингиль боялась, что народ узнает об этом и откроет в ней убийцу Узун-хана.

—Буду делать добро, и тогда Бог снимет с меня это проклятие,—думала Кара-Нингиль.

Первым делом она не дала в обиду Алтын-Тюлгю, до которой добирался мстительный Джучи-Катэм, а потом сохранила жизнь Уучи-Буш, учёная голова которого готова была отделиться от туловища по одному слову всесильного Джучи-Катэм. Хотелось Кара-Нингиль увидеть Байгыр-хана, но сам старик был настолько дряхл, что не мог приехать к ней в Зелёный Город, а она не могла отправиться в Чолпан-Тау, чтобы не выдать себя—на Чолпан-Тау цветов было мало, а Кузь-Тау стояла совсем голая, но были цветы по дороге туда, в тех горных долинах, по которым бежали бойкие горные речки. Невозможность увидеть Байгыр-хана сильно печалила Кара-Нингиль, но ей нельзя было вырваться из Зелёного Города.

Джучи-Катэм сделался главным человеком во владениях Узун-хана, и от него зависело всё. Но его не радовали ни власть, ни богатство, ни почести, потому что Кара-Нингиль разлюбила его. То, чего не мог отнять Узун-хан, ушло само собой. Своё горе он забывал в работе, а работы было много. Между прочим, оказалось, что из прямых наследников Узун-хана оставался ещё в живых один, именно мальчик лет десяти, Аланча-хан. Он каким-то чудом спасся от общего избиения ханских сыновей и бежал в горы, к китайской границе. Во что бы то ни стало необходимо было добыть этого последнего потомка Узун-хана, и только тогда царствование Кара-Нингиль будет обеспечено вполне. Конечно, Джучи-Катэм не выдал никому своей работы и вёл дело в величайшей тайне. Аланча-хан скрывался в простой юрте у пастухов-киргизов и, как байгуш[3], пас стадо. Целый год Джучи-Катэм выслеживал, и только через год его схватил. Судьба мальчика была решена вперёд и Кара-Нингиль не должна была ничего знать.

Но вышло иначе. О судьбе маленького Аланча-хана рассказала Кара-Нингиль хитрая Алтын-Тюлгю, в форме сказки, и царица горько плакала над судьбой несчастного ребёнка. Когда же она узнала, что эта сказка—быль, и что Аланча-хан жив, она призвала к себе Джучи-Катэм и стала на коленях умолять его не убивать невинного ни в чём ребёнка.

—Перед тобой ползает на коленях царица,—говорила Кара-Нингиль, ломая руки.

—Царица молит о своей и моей гибели,—повторял непреклонный Джучи-Катэм.—Или он, или мы.

—А если тебя будет просить не царица, а Кара-Нингиль, та Кара-Нингиль, которая тебя любила?.. Тебя просит бедная девушка из Чолпан-Тау...

Повернулось железное сердце Джучи-Катэм от этих слов, и его сильные руки опустились. Что было ему делать? Аланча-хан подрастёт и казнит их всех... Но Кара-Нингиль так плакала, так молила его и даже целовала полы его платья, что Джучи-Катэм не устоял,—так вода подмывает самые большие горные скалы.

---

[3] Байгуш—нищий.

—Кара-Нингиль, помни: ты сама этого желала,—сказал Джучи-Катэм, поклонился и вышел.

Аланча-хан был спасён. Его поселили в Баги-Дигишт, окружили дворец высокою стеной, поставили строгий караул и вообще приняли все меры, чтобы Аланча-хан не вырвался из своего заточения на волю. Кара-Нингиль плакала от радости.

VII

Аланча-хан был заживо погребён в Баги-Дигишт, и его окружала во дворце немая стража,—это были те несчастные пленники, которым Узун-хан велел вырезывать языки. Джучи-Катэм составил из них верную охрану и каждый день утром и вечером приходил поверять их. Каждому ослушнику, оставившему своё место, грозила смертная казнь. Маленький Аланча-хан точно очутился в царстве мёртвых и не слышал живой человеческой речи. Он, как тень, бродил по комнатам своего дворца, гулял в саду и целые дни проводил у фонтанов, точно разговаривавших с ним. Да, здесь не молчали одни фонтаны, да по ночам плакали в зелени чинар, миндалей и кипарисов соловьи. Немая прислуга объяснялась с ханом знаками, да и то только в крайних случаях. Мальчик ничего не знал: зачем его засадили сюда, зачем держат в неволе, зачем, наконец, не убьют, как убили его братьев. Он бродил по Баги-Дигишт, как живая тень самого себя.

Как тихо тянулось время в Баги-Дигишт, так быстро оно катилось за его стенами, там, где раскинулся Зелёный Город. Дни, недели, месяцы летели здесь, как птицы, особенно для Кара-Нингиль. Из неопытной и молоденькой девушки она сделалась совсем большою, но такою же красивой и свежей, как при вступлении на престол. Её сверстницы, вышедшие замуж, успели уже состариться, потому что родили детей, заботились, радовались и плакали, а Кара-Нингиль, по-прежнему, оставалась девушкой и не знала мужского поцелуя. Она даже боялась мужчин, от которых все несчастья на земле: и война, и рождение детей, и слёзы обманутых жён, и много других несправедливостей, какие делают сильные над слабыми. Кара-Нингиль решила остаться девушкой, чтобы посвятить свою жизнь своему народу и помаленьку исправить всё то зло, какое нанёс ему жестокий Узун-хан. В среде её приближённых много было красавцев-батырей, но ни на одного не упал ещё милостивый взгляд царицы, точно застывшей в своей заколдованной красоте. Процветало земледелие, ремёсла, торговля, искусства, и счастливый народ превозносил свою мудрую царицу Кара-Нингиль, которую видели только одни придворные. Поседела чёрная борода у самого Джучи-Катэм, а Кара-Нингиль всё оставалась девушкой, ревниво охраняя "лёд своей девичьей гордости", как говорит поэт Гафиз.

Никто, кроме Алтын-Тюлгю и Ак-Бибэ, никто не знал, как скучает эта неприступная красавица, когда остаётся одна. Простые люди и не должны были этого знать, а иначе они перестали бы уважать свою царицу. Прежде всего, она должна была сама уважать себя и говорила:

—Я царица не потому только, что Узун-хан женился на мне, а потому, что я из древнего ханского рода... Я—природная царица, настоящей царской крови.

Соседние государи попробовали было воспользоваться смертью Узун-хана, чтобы завоевать его царство, но Джучи-Катэм победоносно разбил их наголову и мог бы ещё завоевать новые владения. Кара-Нингиль не хотела этого. Пусть только её не трогают. Мало-помалу она так привыкла к своей власти, что считала себя необыкновенною женщиной, совсем непохожею на тех девушек, которые выходят замуж, родят детей и быстро изнашиваются в суете своих ежедневных женских забот. Она—царица, и для неё нет обыкновенных радостей, горя и слёз.

Когда ей делалось скучно, Алтын-Тюлгю рассказывала свои сказки, а весёлая Ак-Бибэ пела песни.

Но Кара-Нингиль очень часто уходила в самую дальнюю комнату своего дворца, запиралась и долго плакала, — никто не должен был видеть этих женских слёз, даже Ак-Бибэ и Алтын-Тюлгю. В Кара-Нингиль с страшною силой боролись царица и женщина. Выходила она из своего затвора такая весёлая и спокойная, так что никто не знал, что она там делала. Не укрылась эта женская хитрость только от старых глаз Алтын-Тюлгю, которая, как собака, ловила каждое движение своей госпожи. Однажды она сказала царице:

— Казни меня, царица, но ты плакала...

Кара-Нингиль вся вспыхнула, как пойманный на месте вор, но ничего не ответила глупой старухе. В другой раз Алтын-Тюлгю сказала ей:

— Ты хорошо делаешь, что не знаешь ни одного мужчины, но, ведь ты состаришься и тогда пожалеешь. Вели меня казнить, но я говорю правду...

Кара-Нингиль не казнила Алтын-Тюлгю, а только рассмеялась.

Ак-Бибэ думала другое: когда Кара-Нингиль начинала скучать, она придумывала какое-нибудь развлечение. Раз она сказала царице:

— Пойдём, посмотрим, что делает Аланча-хан... Он нас не увидит, а мы его посмотрим. Он уже совсем большой и, как говорят, очень красив.

Кара-Нингиль согласилась на эту глупость и отправилась в Баги-Дигишт вместе с Ак-Бибэ. Аланча-хан гулял в саду, а они смотрели на него через отверстие в стене сада.

— Ах, какой красивый! Настоящий хан! — шептала Ак-Бибэ. — Какая у него гордая осанка, какие горячие глаза... Как жаль, что его нельзя выпустить из неволи. Джучи-Катэм неумолим...

Кара-Нингиль ничего не отвечала и вернулась домой задумчивее обыкновенного. В следующий раз она переоделась аячкой и отправилась в Баги-Дигишт одна. Стража её знала и пропустила. Аланча-хан опять гулял в саду и очень удивился, когда увидел перед собой скромно одетую девушку.

—Ты зачем здесь?—спросил он и удивился звуку собственного голоса,—он совсем отвык говорить вслух.

—Меня послала к тебе Кара-Нингиль, наша царица, спросить не нужно ли тебе чего-нибудь?—ответила Кара-Нингиль, скромно опуская глаза, как настоящая аячка.

—Я с женщинами не имею дела,—гордо ответил Аланча-хан и даже выпрямился, как молодой тополь.—Скажи Кара-Нингиль, что она дурная женщина... Она убила моих братьев и захватила престол. Она хочет заморить меня здесь, в этой раззолоченной могиле, и я удивляюсь, почему она просто не велела меня казнить. Так ей и скажи, я не боюсь смерти... Бог нас рассудит.

—Кара-Нингиль лучше, чем ты думаешь... Ей приписывают многое, чего она и не думала никогда делать, а делают другие от её имени. О хорошем не говорят, а худое видят все...

—Видно, сладко тебя кормит Кара-Нингиль, если ты так нахваливаешь её,—ответил грубо Аланча-хан и засмеялся.

Это обидело Кара-Нингиль, как удар ножа, и глаза её засверкали, но она удержала свой гнев и опять принялась хвалить мудрую царицу, которая жертвует собой для других.

—Если ты пришла только за этим, то это напрасный труд,—ответил Аланча-хан, отвернулся и прибавил,—Скажи своей Кара-Нингиль, что я её ненавижу, как все сто моих зарезанных братьев... Во мне царская кровь, а она дочь простого пастуха...

Домой Кара-Нингиль вернулась огорчённая и разгневанная. Зачем он ненавидит её и обвиняет в том, что она никогда не делала? Это несправедливо. Но какой у него гордый вид, у этого Аланча-хана... Кара-Нингиль всё думала о нём, и в её сердце, как вор ночью, прокралось чувство сожаления к несчастному узнику. Бедный Аланча-хан!.. Что ни делала Кара-Нингиль, мысль о ханском сыне не покидала её. Как она не нашлась тогда на его дерзость рассказать всё то, что она знала об Узун-хане и о том, как он обезлюдил Голодную Степь, разрушил многие города и бесчеловечно истребил ханские роды, в том числе и её род? О, нужно ещё раз идти и сказать этому гордому мальчишке всё... Так и сделала Кара-Нингиль. Аланча-хан опять гулял в саду и точно поджидал её. Она уже приготовилась высказать ему всё, как он остановил её.

—Ах, как мне скучно, аячка...—прошептал Аланча-хан и отвернулся, чтобы скрыть непрошену слезу.—Ты тогда говорила, что Кара-Нингиль справедлива и желает сделать всё, чтобы улучшить моё положение. Я тогда не хотел унижаться до просьбы, но теперь скажи ей: Аланча-хан просит Кара-Нингиль, пусть она позволяет своей аячке приходить в Баги-Дигишт каждый день.

—Это невозможно!..—перебила его Кара-Нингиль и покраснела.

—Но, ведь, это ей ничего не стоит? Разве мало у ней аячек, чтобы уступить мне всего одну?.. Потом ты не можешь понимать, как подумает царица. Может быть она будет посылать тебя...

Прежнего гордого ханского сына точно не было, а был несчастный человек, который точно постучался в душу Кара-Нингиль. Вместе с тем, ей ужасно было обидно, что он принимает её за простую аячку, которой царица может распоряжаться, как ей угодно. Да и он видит в ней просто женщину, которая усладила бы скуку одиночества. Но глаза Аланча-хана говорили другое: они так любовно проводили её, и столько в них было печальной мольбы. Кара-Нингиль не выдержала и бежала от него, как бежит аргали от охотника, Он не спорил с ней, как в первый раз, не бранил Кара-Нингиль; она увидела его печальным... Нет, больше—он полюбил её с первого раза, и полюбил не как царицу, а как полюбил бы всякую другую девушку.

Это приключение взволновало Кара-Нингиль. Притом, всё происходило при такой сказочной обстановке. Царица видела Аланча-хана даже во сне, и он шептал ей ласковые слова и всё смотрел своими тёмными, печальными глазами, смотрел прямо в душу. Душно ей было в своём дворце, и во сне Кара-Нингиль шептала те ласковые слова, которые душили её. Но идти в третий раз к нему она не решилась: зачем напрасно мучить бедного недоступным призраком? А если он ждёт её? По крайней мере, нужно же ему сказать, что Кара-Нингиль не согласна отпустить к нему свою любимую и самую преданную аячку.

С этими мыслями Кара-Нингиль шла в третий раз в Баги-Дигишт, но при входе стража загородила ей дорогу.

—Джучи-Катэм не велел пускать никого...

—Даже и меня? Вы знаете, кто я...

—Даже и тебя, царица.

—А, так вот как...—прошептала пристыженная Кара-Нингиль, и глаза её засверкали небывалым ещё огнём.

VIII

Джучи-Катэм был схвачен и заключён в Летафет-Намех. Он сделался таким же узником, как и Аланча-хан.

—Кто меня велел схватить и за что?—спрашивал он, оглушённый всем случившимся.

—Сама царица.

—Не может этого быть! Дайте мне случай переговорить с ней, и царица увидит, что я страдаю невинно!.. Я всегда желал ей одного добра.

Но Кара-Нингиль не пожелала видеть Джучи-Катэм, а только послала к нему Алтын-Тюлгю сказать, что царица может поступать, как хочет, и каждый ослушник её воле понесёт достойное наказание. Ничего не ответил Джучи-Катэм, а только низко опустил свою голову: вот награда за его верную службу и преданность.

Все ждали, кого назначат на место Джучи-Катэм, и какой счастливец приблизится к царице, но Кара-Нингиль хотела показать, что она настоящая царица и всеми государственными делами может править одна. Её воля—закон для всех.

Теперь путь в Баги-Дигишт был открыт, и Кара-Нингиль могла отправляться туда, когда хотела. Эта свобода сначала даже её немного смутила, и она точно не решалась воспользоваться ею, как долго сидевшая в клетке птица, которая расправляет крылья, прежде чем унестись в небо. Ей было совестно пред Ак-Бибэ и другими женщинами. Но её так и тянуло в Баги-Дигишт: наверное, Аланча-хан ждёт её и скучает. Он действительно ждал и, когда она пришла, по-прежнему, скромною аячкой, он умоляюще протянул руки:

—Мне казалось, что я умер, пока не видел тебя,—ласково шептал он.—Ну, что Кара-Нингиль? Чем больше я думаю, тем больше мне хочется увидеть её... Я знаю про неё всё; она первая красавица во всём государстве.

—Ты красивее её, Аланча-хан... Но твоя красота, как спрятавшееся за тучами солнце. Потом Кара-Нингиль глупа...

73

Когда я ей сказала о твоём желании иметь в услужении аячку, она ответила: иди к нему и сделай всё, чтоб он не скучал.

—Нет, она мудрейшая из всех женщин!.. Значит, ты будешь приходить ко мне каждый день?

—О, нет... Я могу приходить только иногда, но оставаться здесь не могу. Кара-Нингиль сказала: "Ты идёшь к нему чистою девушкой и такою же возвратишься, а иначе я тебя казню".

Аланча-хан только засмеялся, а Кара-Нингиль опустила глаза. Каждый раз, когда она приходила к нему, он начинал её расспрашивать про царицу, точно влюблённый. Сердце Кара-Нингиль усиленно билось, но она не открывала своего настоящего имени. Когда Аланча-хан скучал, она рассказывала ему сказки, те сказки, где влюблённые не узнавали друг друга, а злая судьба смеялась над ними. Все свои мысли и чувства Кара-Нингиль передавала в этой форме и наблюдала, какое действие они производят на Аланча-хана. Когда она входила в Баги-Дигишт, то совсем изменялась, — гордая царица оставалась у ворот сада, а здесь была скромная девушка, боявшаяся каждого ласкового взгляда.

Случилось то, что равняет всех женщин. Когда Аланча-хан в первый раз обнял и поцеловал Кара-Нингиль, она задрожала, как подстреленная аргали, и только прошептала:

—Что ты делаешь? Что я скажу Кара-Нингиль?

—Скажи ей, что я так хочу.

Кара-Нингиль едва вырвалась из его объятий и долго не показывалась в Баги-Дигишт. Зачем он поцеловал её?.. Этот поцелуй точно ожог её, и, просыпаясь ночью, она протягивала руки невидимому Аланча-хану. Конечно, он мог поцеловать простую аячку, но гордость царицы Кара-Нингиль была оскорблена. О, она его любит, но он никогда не должен знать об этом!

В следующее свидание Кара-Нингиль, сказала Аланча-хану:

—Я бедная девушка, и ты меня оскорбил своим поцелуем!

—Я тебя люблю, аячка,—отвечал Аланча-хан.

—О, разве такая бывает любовь?.. Тебе скучно здесь сидеть одному, вот ты и приласкал аячку. Но ты забыл, что обманываешь Кара-Нингиль, которая тебе верит. Твоя любовь погубит меня, как солнце выжигает весеннюю траву в степи. Если бы ты был ханом, то как Узун-хан каждый год собирал бы со всего государства самых красивых девушек и запирал бы в своих садах. Это несправедливо, и это не любовь.

—Милая девушка, власть портит людей, но сейчас я знаю только одно, что люблю тебя, и больше не знаю ничего... Если бы я был ханом, то сделал бы тебя своею женой.

—А если бы к тебе пришла сама Кара-Нингиль?.. Ты забыл бы и меня, и всех на свете.

—Она—жена моего отца.

—Только по имени... Она осталась чистою девушкой и гордится этим. И если бы Кара-Нингиль пришла к тебе, сама царица Кара-Нингиль, и сказала бы, что люблю тебя... О, ты забыл бы меня!

—Никогда!—повторял Аланча-хан и протягивал умоляюще руки, точно так, как Кара-Нингиль видела его во сне.—Если бы я был ханом, я прежде всего казнил бы Кара-Нингиль... Я её ненавижу.

—А зачем ты так часто спрашиваешь меня о ней?

—Потому, что ты так её расхваливаешь. Случилось то, что бывает с красивыми и некрасивыми девушками. Кара-Нингиль провела целую ночь в Баги-Дигишт и утром горько плакала.

—Что я скажу теперь Кара-Нингиль?—повторяла она, не

слушая утешений Аланча-хана.—Я обманула её... Она будет теперь презирать меня. Как я покажусь к ней на глаза?

—Оставайся здесь,—просил хан.—Или подговори стражу и бежим.

Кара-Нингиль-аячка ревновала теперь Аланча-хана к собственной тени, к той неприступной царице Кара-Нингиль, которая не должна была знать обычных женских слабостей. Она возненавидела Аланча-хана, которому отдала всё. Но неотразимая сила влекла её опять в Баги-Дигишт, и Кара-Нингиль пила здесь полною чашей отравленные радости своей первой любви. Она была счастлива, что Аланча-хан весел, и что она развлекает его в уединении, как та птичка, которая поёт на окне заключённого в тюрьме. Возвращаясь домой, она опять делалась неприступною царицей, пред которою трепетали все. О, она умела показать, что Кара-Нингиль может править государством так же мудро и без Джучи-Катэм! Из дальних стран приезжали любопытные посмотреть, как управляет целым государством молодая женщина, и восхваляли её. Уучи-Буш прославлял её в своих стихах, которые распевались бродячими певцами. Народ благоденствовал, торговля процветала, и только одни войска роптали, вспоминая походы Узун-хана, когда они могли грабить, убивать и уводить в плен.

Кара-Нингиль была счастлива так же про себя, как раньше плакала одна,—никто не должен был знать об её тайных радостях. Цветы по-прежнему вяли в её присутствии, но ей теперь было не до них.

IX

Джучи-Катэм сидел в заключении уже два года и ничего не знал, что делается там, за пределами его тюрьмы. Он был окружён такою же немою стражей, как и Аланча-хан. Целые дни он гулял в саду и чутко прислушивался к гулу, который доносился из Зелёного Города. Что-то теперь делается там, и что делает царица Кара-Нингиль, заплатившая ему чёрною неблагодарностью и за его услуги, и за любовь? У Джучи-Катэм даже не являлось мысли о бегстве: куда ему бежать, да разве он может бежать от Кара-Нингиль? Когда-то красивый батырь теперь поседел и опустился,—это был уже старик. Но он был уверен, что настанет час, когда Кара-Нингиль вспомнит и про него, тот чёрный час, когда нужны одни верные слуги. Пусть царица радуется теперь с Аланча-ханом, но эти радости дорого будут ей стоить. Джучи-Катэм видел даже во сне сад Баги-Дигишт и видел Кара-Нингиль, как она потихоньку от всех крадётся к своему любовнику,—о, зачем тогда он не велел казнить этого проклятого ханского сына! Гордая и неприступная царица забыла для него всё—и свою девичью гордость, и величие царицы, и его советы.

Раз ночью, когда Джучи-Катэм спал, его разбудил шум незнакомых шагов. В первую минуту он подумал, что пришли за ним, чтобы казнить его, и похолодел от ужаса, но потом в его комнату вошла Ак-Бибэ и бросилась отцу на шею.

—Ты свободен!—шептала она.—Кара-Нингиль ждёт тебя.

—Что-нибудь случилось?—спрашивал Джучи-Катэм, не веря собственному счастью.

—Аланча-хан бежал!—ответила Ак-Бибэ, опуская глаза.—Кара-Нингиль позволила ему съездить на охоту, а он бежал. За него войско и весь народ. С минуты на минуту ждут возмущения, а Кара-Нингиль заперлась в своём дворце. Народ забыл её благодеяния, её мудрое правление—всё.

—Я этого ожидал,—задумчиво говорил Джучи-Катэм.—Так должно было быть.

Кара-Нингиль с нетерпением ожидала в своём дворце появления Джучи-Катэм. Против неё было всё: обласканные ею князья, войско, народ. Пока Джучи-Катэм находился в заключении, сторонники Узун-хана делали своё тёмное дело на свободе. Она узнала обо всём последняя. Аланча-хан выпросил её позволение съездить на охоту и бежал. О, как он её умолял и она поверила его клятвам! Но было одно хорошо, до конца она осталась для него простою аячкой и не выдала своего настоящего имени.

Когда явился во дворец Джучи-Катэм. Кара-Нингиль приняла его спокойная и гордая, какою он знал её всегда.

—Ты свободен, Джучи-Катэм,—сказала она,—и подумай о своём спасении. Войска передались на сторону Аланча-хана.

—Царица, я умру вместе с тобой,—ответил Джучи-Катэм.— Счастье изменчиво, но мы ещё увидим, как справится этот мальчишка с Джучи-Катэм... Проклятое отродье Узун-хана узнает меня.

—Делай, что хочешь и как хочешь,—решила Кара-Нингиль.—Я виновата пред тобою.

—Разве солнце может быть виновато, что ослепляет наши слабые глаза?

Джучи-Катэм рассчитывал на своё прежнее влияние на народ, но он в этом ошибся так же жестоко, как Кара-Нингиль в Аланча-хане. Народ успел забыть Джучи-Катэм и с нетерпением ждал, когда Аланча-хан подступит с войском к Зелёному Городу. В каждом Джучи-Катэм теперь видел изменника и недостало бы верёвок, чтобы их перевесить. Уучи-Буш в числе других перешёл тоже на сторону Аланча-хана и теперь воспевал его, как раньше воспевал Кара-Нингиль. Надежды на спасение с каждым днём оставалось всё меньше и меньше, а Аланча-хан с каждым днём был всё ближе и ближе. Ему, как победителю, сдавались один город за другим, и число войска увеличивалось с каждым шагом вперёд. Уже в самом Зелёном Городе появились возмутительные листы нового хана, написанные рукою Уучи-Буш.

—Теперь всё кончено,—сказал Джучи-Катэм, убедившись в тщетности всех своих усилий.

Это известие Кара-Нингиль выслушала совершенно равнодушно, точно всё так и должно было быть. Всё равно, прошлого не воротишь а о будущем она старалась не думать.

—Нужно бежать, царица,—говорил Джучи-Катэм.—Аланча-хан подступит с юга, а мы уйдём на север.

—В Чолпан-Тау?—обрадовалась Кара-Нингиль.—Может быть, ещё и Байгыр-хан жив, и я увижу его... О, скорее, скорее!..

Алтын-Тюлгю давно скрылась, и её даже не разыскивали. Джучи-Катэм решился бежать втроём: он, Кара-Нингиль и Ак-Бибэ. В ханской конюшне он сам выбрал шесть лучших аргамаков, чтобы бежать о дву-конь. Кара-Нингиль надела то самое платье, в котором её привезли в Чолпан-Тау, и ничего не взяли из ханских сокровищ. Для чего ей богатство, наряды и роскошь, когда сердце разбито? Она не согласилась бы бежать, если бы не желание увидеть в последний раз милые горы, где она выросла, и желание обнять ещё раз Байгыр-хана. Ведь умереть не всё ли равно где?.. Один Джучи-Катэм не думал о смерти, а, напротив, жизнь ему только что начала улыбаться. Он увезёт Кара-Нингиль далеко-далеко, и она опять полюбит его. В любом соседнем государстве его примут с радостью и он отмстит Аланча-хану за его измену.

Беглецы ушли из Зелёного Города тёмною ночью, когда дремала вся городская стража. Впереди летел сам Джучи-Катэм, а за ним уже ехали Кара-Нингиль и Ак-Бибэ. Так они мчались два дня и две ночи, пока не достигли Чолпан-Тау.

—Теперь мы дома,—говорил радостно Джучи-Катэм.—Аланча-хану нужно ещё идти неделю, прежде чем он нас догонит. Отдохнём у Байгыр-хана и опять в путь, через Голодную Степь.

Кара-Нингиль молчала. Её занимало больше всего то, что где они не проезжали, все цветы умирали сейчас же, точно за ними по пятам летела сама смерть. Это было страшное проклятие, которое она уносила с собой из Зелёного Города.

—Что ты молчишь, царица?—спрашивала ласково Джучи-Катэм.

—Я не царица, а Кара-Нингиль... Царица умерла... там, в Зелёном Городе умерла.

X

Байгыр-хан сначала не узнал беглецов, а потом обрадовался. Раньше борода у него была белая, потом пожелтела, а сейчас была зелёная, как мох, которым обрастали деревья на Чолпан-Тау.

—Мы в гости приехали,—сказал Джучи-Катэм.—Кара-Нингиль соскучилась по тебе.

Старик посмотрел столетними глазами на Джучи-Катэм и только покачал головой: царицы о дву-конь не ездят. Потом Джучи-Катэм рассказал всё Байгыр-хану и ничего не скрыл.

—Наши несчастья только велики для нас самих, а если смотреть на них издали, то делаются всё меньше и меньше,—ответил старик.—Был Узун-хан, была Кара-Нингиль, теперь Аланча-хан, а после него кто-нибудь другой... Весной одна трава, осенью другая, а на будущее лето третья. Труднее всего быть царём для самого себя... и бояться нужно тоже одного себя.

Сначала Кара-Нингиль обрадовалась, когда увидела Байгыр-хана, пещеру, в которой жила с ним маленькою девочкой, Кузь-Тау с её развалиной на самой вершине и все те места, где бегала беззаботным ребёнком. На горах цветов не было, и это её радовало: нечему умирать при её появлении. Кузь-Тау стояла голою каменистою шапкой, и по ней едва лепились только чахлые кустики. Но потом в Кара-Нингиль сделалась опять такою задумчивой и совсем равнодушной. Она любила сидеть у огня и смотреть туда, далеко вниз, где разлеглась жёлтым ковром Голодная Степь, а потом припоминала те песни, которые когда-то пел ей Байгыр-хан.

Через два дня, когда лошади отдохнули, Джучи-Катэм сказал:

—Кара-Нингиль, пора ехать.

—Куда?—удивилась Кара-Нингиль.—Я останусь здесь с Байгыр-ханом, а ты уедешь с Ак-Бибэ...

У Джучи-Катэм опустились руки. Как он ни уговаривал, как ни упрашивал, как ни умолял Кара-Нингиль, она оставалась непреклонною.

—Мне здесь хорошо,—повторяла она упрямо одно и то же.

—Царица, опомнись!

—Я уже опомнилась.

—Ведь, каждый час дорог... Если тебе не жаль себя, то пожалей меня с Ак-Бибэ.

—Оставьте меня одну, а сами спасайтесь...

Джучи-Катэм со слезами умолял Кара-Нингиль, но она была равнодушна и к слезам.

—А! так ты вот как поступаешь со мной?—зарычал он на неё в страшной ярости, как раненый зверь.—Тогда я свяжу тебя, как упрямую овцу, и увезу насильно!

—Вяжи, если твоя рука подымется на такое дело, но я живая не дамся.

—О, когда так, то я тебе сделаю самое страшное, Кара-Нингиль... Клянусь тебе моею седою бородой, что сделаю то, о чём ты и не думала.

—Что же ты сделаешь?

—Что я сделаю?.. Я останусь здесь с тобой и буду ждать и своей, и твоей смерти. Аланча-хан безжалостно убьёт обоих, но я постараюсь умереть раньше, чтобы ты видела мою смерть и казнилась... Ты этого сама хочешь, Кара-Нингиль!..

Теперь Кара-Нингиль со слезами умоляла Джучи-Катэм бежать, пока есть время, а её оставить здесь, но Джучи-Катэм оставался непреклонным, как скала.

Прошёл день, прошёл другой, а Кара-Нингиль оставалась совсем равнодушною к увеличивавшейся опасности. Ей было только жаль Ак-Бибэ, которая старалась плакать потихоньку от всех, — ведь, Ак-Бибэ была ещё так молода и ей так хотелось жить.

Джучи-Катэм казался спокойным, но часто припадал ухом к земле и слушал, — чуткое ухо батыря слышало дальше волчьего.

—Погоня...

Кара-Нингиль даже не оглянулась.

—Кара-Нингиль, погоня! — повторил он.

Она оставалась неподвижною.

—Царица, погоня! — ещё раз повторил он, и Кара-Нингиль рассмеялась.

Ак-Бибэ громко плакала и рвала на себе волосы в отчаянии.

—Если мы уйдём сейчас, то нас не нагонят, — уговаривал Джучи-Катэм. —У них лошади устали, а у нас свежие... Через день мы будем вне всякой опасности.

Не успел Джучи-Катэм договорить последнего слова, как в горах показались уже всадники. Их было много, и они спускались с горы в долину. Джучи-Катэм осмотрел свою саблю, копьё, лук со стрелами и сказал:

—Смерть близко...

Тогда на Кара-Нингиль напал страх: ведь её могут живую взять в плен и привести в Зелёный Город жалкою невольницей.

—Джучи-Катэм, убей меня,—молила она.—Лучше смерть, чем позор взятой в плен царицы...

Теперь засмеялся Джучи-Катэм: бежать было поздно.

Погоня была уже близко, так что можно было рассмотреть высокие бараньи шапки наездников, длинные пики с развевавшимися на них конскими хвостами и блеск оружия,—это была старая ханская стража, первой изменившая Кара-Нингиль. Прищурил глаза Джучи-Катэм и узнал Аланча-хана, который ехал в средине стражи на белом аргамаке.

—Я не хочу здесь умирать...—заявила твёрдо Кара-Нингиль.—Давай лошадей и едем на Кузь-Тау. Там есть отличная защита.

Джучи-Катэм повиновался. Со страха Ак-Бибэ лишилась чувств, но Джучи-Катэм перекинул её поперёк седла и повёз с собой. Кара-Нингиль уговорила ехать с ними и Байгыр-хана, который сначала не хотел оставлять своей пещеры. Когда ханская стража подъезжала к этой пещере, три лошади, как кошки, карабкались на страшную кручу Кузь-Тау, Даже издали было страшно смотреть на них, и сердце сжалось у самых храбрых.

Когда беглецы взобрались, наконец, на самую вершину, Джучи-Катэм поставил на стену старой башни свою пику с конским хвостом и, махая шапкой, крикнул вниз Аланча-хану:

—Эй, вы, трусы, кто желает оставить здесь свою глупую

голову?.. А тебе, Аланча-хан, я отрежу уши, как мальчишке, только покажи свой нос сюда!

Байгыр-хан смотрел под гору в другую сторону, где растилась Голодная Степь, и припоминал, как он бился на Кузь-Тау ещё с Узун-ханом.

XI

—Им больше некуда уйти,—говорил Уучи-Буш своему новому повелителю Аланча-хану.—Они будут наши...

—Главное, нужно взять их живыми,—отвечал Аланча-хан.—Я никогда не видал эту Кара-Нингиль...

—Их там на Кузь-Тау двое: Кара-Нингиль и Ак-Бибэ. Хорошо было бы захватить живыми обеих и привести их в Зелёный Город закованными в цепи.

Аланча-хан никому не говорил об аячке, приходившей к нему в Баги-Дигишт, и только жаждал увидеть эту сказочную царицу Кара-Нингиль, о которой так много слышал. Все его победы ничего не значили пред этою последней; пока Кара-Нингиль на свободе, он ещё не хан. Между прочим, его удивляло, почему беглецы так долго оставались в Чолпан-Тау и не бежали дальше. *Лучшие лошади с ханской конюшни спасли бы их от погони.*

—Лошадей всего шесть, а их четверо с Байгыр-ханом,— объяснил Уучи-Буш.—Они не могли бросить здесь беззащитного старика...

—Ты слишком много приписываешь им великодушия,— сердито отвечал Аланча-хан.—Простая случайность...

Из ханской свиты сейчас же вызвалось несколько охотников взобраться на Чолпан-Тау и взять засевшую в ней горсть храбрецов в плен. Особенно волновался Уучи-Буш, которому Аланча-хан за его услуги подарил саблю. Он заявил, что сам полезет на Кузь-Тау, если это будет нужно. Когда Аланча-хану передали хвастливые слова Джучи-Катэм, он покраснел, как девушка: о, они все дорого заплатят ему за этот последний позор, только бы взять их живыми!

Первый приступ смелых охотников на Кузь-Тау закончился полною неудачей. Приходилось взбираться на страшную каменную кручу по одному, как лазят по горам аргали, и меткие стрелы Джучи-Катэм по одному снимали отчаянных храбрецов—один за другим смельчаки летели вниз и разбивались вдребезги. Как Уучи-Буш ни размахивал своею саблей, как ни кричал, бегая под горой, из этого приступа ничего не вышло, кроме нескольких убитых.

—Что же они трусят?—кричал Уучи-Буш.—Да я один возьму это воронье гнездо...

—А что Аланча-хан прячется, как баба?—кричал с горы Джучи-Катэм, размахивая саблей.—Пусть идёт сюда, а сойти с горы я ему помогу...

Аланча-хан скрежетал зубами в бессильной ярости,—так, одного по одному, Джучи-Катэм перебьёт всю его свиту. Но Уучи-Буш утешил его:

—Мы их и так возьмём, потому что там, на верху горы, нет воды...

—Почему ты это знаешь?

—А я слышу по ржанию лошадей.

—Тогда мы их заставим сдаться без капли крови,—решил Аланча-хан.

У подножья Кузь-Тау были расставлены надёжные сторожа, а сам Аланча-хан разбил свой стан в долине. Из его палатки видна была вся Кузь-Тау и, лёжа на ковре, он мог видеть всё, что делается на её вершине. Появившиеся на развалинах башни человеческие фигуры казались отсюда такими маленькими, как детские куклы, так что едва можно было отличить мужчину от женщины, и то благодаря только прозрачности горного воздуха.

Вечером весело загорелись огни в стане Аланча-хана, который теперь отдыхал после своих военных трудов и побед. Утомлённая походом стража тоже была рада отдохнуть. Загорелся огонь и на вершине Кузь-Тау, точно волчий глаз. Кругом стояла мёртвая тишина и только перекликались одни лошади, чуждые человеческой ненависти; печально ржали аргамаки с вершины Кузь-Тау и им весело отвечали пасшиеся на зелёной траве ханские лошади.

Аланча-хан весело пировал в кругу своих ратных сподвижников, когда над Чолпан-Тау быстро спустилась тёмная горная ночь.

—Кто это поёт?—спрашивал Аланча-хан, прислушиваясь.

—А это безумный старик Байгыр-хан...

Действительно, это пел Байгыр-хан: он пел свои старые песни об Узун-хане, о старых батырах, кости которых рассеяны по Голодной Степи, о чудных красавицах, уведённых Узун-ханом в плен, о разрушенных городах и невидимо веявшей над всеми смерти. "О, смерть любит храбрых,—пел Байгыр-хан,—она не щадит и красавиц, которые проносятся пред нашими глазами, как падающие звёзды... Где стояли цветущие города, там сейчас мёртвая пустыня, а где стоят сейчас цветущие города, там в своё время будет пустыня. Узун-хан, ты много пролил человеческой крови, но тебе не мягче от этого лежать в своей могиле... Последний бедняк и самый великий хан равны в общей судьбе. Жить страшно только людям несправедливым, а смерть любит храбрых... Байгыр-хан ещё раз пришёл на Кузь-Тау и будет ждать здесь, как подлые трусы прольют его кровь. Не умрёт только одна слава худых дел и святые песни, в которых певцы оплакивают свою родину".

Аланча-хан прослезился, слушая песни Байгыр-хана. Горный воздух так чист, что доносил к его уху каждое слово. Задумались и те храбрецы, которые мечтали о военной добыче, засевшей на вершине Кузь-Тау: кто знает, кому придётся вернуться домой живым, а Джучи-Катэм метко стреляет. Пока старик пел свои песни, а соратники Аланча-хана его слушали, Джучи-Катэм, как кошка, спустился с горы. По пути он зарезал заслушавшегося сторожа и вернулся на гору с водой, которую принёс в своей мохнатой шапке.

—Вот, Кара-Нингиль, и вода,—с гордостью заявил он, подавая свою мокрую шапку царице,—а Аланча-хан дурак...

Томившиеся от жажды лошади весело заржали, когда почуяли свежесть принесённой воды. Но Кара-Нингиль не выпила ни одной капли, а отдала свою порцию Ак-Бибэ, которая лежала больная. Джучи-Катэм остатки воды передал Байгыр-хану. Бедным аргамакам так ничего и не осталось, и они смотрели на всех печальными глазами. Кара-Нингиль напрасно ласкала их и давала облизывать мокрую шапку,—лошади рыли копытами землю и просили воды. Они следили за каждым шагом своих хозяев и призывно ржали, нагоняя на всех смертную тоску.

—Отпустим лошадей...—говорила Кара-Нингиль.

—Ни за что!—гордо отвечал Джучи-Катэм.—Это наша последняя надежда, которая умрёт вместе с нами... Если Ак-Бибэ настолько поправится, что в состоянии будет держаться в седле, мы пробьёмся мимо этих ханских ворон, которые умеют только пить и есть.

—Джучи-Катэм, у тебя железное сердце...

Целую ночь не смыкала глаз Кара-Нингиль и всё сидела на

верху старой стены, где любила сидеть ещё маленькою девочкой. Здесь в первый раз заметил её орлиный взгляд Джучи-Катэм, и вот она опять на любимом своём месте, над головой то же небо, там, вдали, та же Голодная Степь, но теперь сама она уже не та и принесла сюда с собой целый ад. Как лошади мучились от жажды, так ещё больше мучилась Кара-Нингиль от своих воспоминаний. И нет той воды, которая утолила бы её душу... Главный виновник всех её несчастий, который из любви к ней готов отдать жизнь, чужд её сердцу уже давно, и её мучит, что он решился умереть за неё. О, безумец Джучи-Катэм, зачем он здесь? А тот, кого выбрало её сердце, кому отдала всё, сторожит её, чтобы насладиться её последним позором... Но этого не будет: Аланча-хан не увидит царицы Кара-Нингиль и не узнает в ней любившую его аячку... Она умрёт в этих камнях царицей, как те храбрецы, которых любит сама смерть. Один раз, всего только один раз раскрылось её девичье сердце, и вот тяжёлая плата за её любовь... А она ещё думала, что царица Кара-Нингиль не походит на других женщин, и что ей чужда слабость. Проклятый день, когда её увидал в первый раз Джучи-Катэм!..

Для осаждённых ночи длинны, как для больных. Несколько раз Кара-Нингиль проведывала лошадей, которые, благодаря ночной прохладе, заметно успокоились, но это был только обман, чтобы они ещё сильнее почувствовали жажду с восходом солнца. То солнце, которое даёт жизнь и движение всему, погубит их всех. Кара-Нингиль тоже мучилась от жажды и прикладывала горевшую голову к холодным камням.

Джучи-Катэм не смыкал глаз и караулил, притаившись за камнем, Ночью всего легче было сделать вылазку сторожившему их врагу, и только усталость, вероятно, мешала сподвижникам Аланча-хана воспользоваться темнотой. К утру Джучи-Катэм овладела усталость и орлиные глаза начали дремать. Только чуткое ухо сторожило каждый звук, и Джучи-Катэм вздрагивал от малейшего шороха в камнях, где гнездились ящерицы и змеи. Утром, когда долина покрылась туманом, небо сделалось серым, а камни точно отпотели, Джучи-Катэм забылся тревожным сном. Он очнулся, когда его шею обняли две тёплые женские руки,—это была Кара-Нингиль. Она припала к нему своею головкой и горячо поцеловала.

—Джучи-Катэм, я знаю твоё львиное сердце...—шептала она, продолжая его обнимать,—я знаю, что ты всегда любил меня... Но у меня одна к тебе просьба: уходи отсюда и забудь Кара-Нингиль. Я тебя целую, как брата, а моя любовь там, внизу... Дай мне умереть здесь одной, и я умру, как царица.

—Я счастлив...—отвечать Джучи-Катэм,—да, я счастлив, что умру вместе с тобой, моя царица. Если жизнь нас разлучала, то пусть смерть соединит... Да будет благословен тот час, когда глаза мои увидали тебя в этих развалинах!

XII

Проходит день над Чолпан-Тау, проходит другой. Весело пирует Аланча-хан в своей палатке и всё смотрит на Кузь-Тау, на вершину горы, где всё точно умерло. Истомившиеся от жажды лошади не могли больше ржать, и радуется сердце Аланча-хана. Скоро наступит тот желанный час, когда Кара-Нингиль сдастся, и он приведёт её в Зелёный Город своею пленницей и велит её казнить, как Джучи-Катэм казнил Узун-хана. Солнце не должно видеть ханской крови... Веселится Аланча-хан и веселятся с ним его спутники.

Утром и вечером выходит из стана Уучи-Буш и кричит:

—Эй, вы, вороны, сдавайтесь... Аланча-хан поступит с вами, как велит его ханское сердце. Всё равно, передохнете с голода...

—Приди и возьми,—кричит с горы Джучи-Катэм.—Ты, старый дурак, не стоишь даже того, чтобы тебя повесить.

Ах, как мучились бедные лошади на вершине Кузь-Тау, и как болело за них сердце Кара-Нингиль!.. Они уже теперь не могли ржать, а только стонали, как люди. По ночам они лизали холодные камни, но днём солнце жгло так беспощадно, и лошади просто бесились от жажды и грызли друг друга. Ак-Бибэ лежала, как мёртвая, и всех бодрее чувствовал себя Байгыр-хан. Каждый вечер старик поднимался на вершину стены и здесь пел свои песни.

Прошёл четвёртый день, Аланча-хану надоело ждать, и он ночью велел сделать вылазку, но она кончилась тем, что Джучи-Катэм убил ещё четверых, а остальные бежали. Изнемогавший от жажды Джучи-Катэм чуть не умер от утомления, и Кара-Нингиль ухаживала за ним, прикладывая холодные камни к его голове.

На шестой день умерла Ак-Бибэ. Как страшно мучилась бедная девушка, и как она просила воды, чтобы смочить запёкшийся рот, но воды не было... Ей всё представлялось, что враги делают новый приступ, и она просила убить её, а не отдавать на позор Аланча-хану. Её похоронили в глубоком колодце, который был когда-то вырыт на Кузь-Тау. Джучи-Катэм горько плакал над могилой погубленной Узун-ханом дочери, и это горе придавало ему силы.

—Не плачь, Джучи-Катэм,—утешала его Кара-Нингиль,—Ак-Бибэ счастливее нас... Она больше не мучится. Она не чувствует жажды, позора, болезней, чужой и своей несправедливости.

—О, да, умереть, скорее умереть!—шептал Джучи-Катэм, закрывая своё лицо руками.—И ты, Кара-Нингиль, утешаешь меня?.. Ты—моё солнце, которое одним даёт жизнь, а других заставляет умирать... Я боюсь только одного: быть несправедливым в последнюю минуту и к себе, и к тебе... Ты—моя Голодная Степь, с которой я похоронил всё!..

90

О, как мучилась, как страшно мучилась Кара-Нингиль!.. Стоило ей закрыть глаза, как всё застилалось красным огнём, — он, этот огонь, пожирал её. Даже ночью не было пощады, и всё небо казалось кровавым, а звёзды смотрели с него страшными огненно-красными глазами. Если лошади так страшно умирали от жажды, то Кара-Нингиль мучилась вдвое, и нравственные муки были тяжелее физических страдании.

— Нет, я царица... царица... — шептали запёкшиеся губы Кара-Нингиль, те губы, которыми она целовала Аланча-хана. — Он не увидит моего позора... он не услышит мольбы о пощаде... я — царица...

Прошло семь ужасных дней и семь ужасных ночей, и когда над Чолпан-Тау поднималось утреннее солнце, заключённые на вершине Кузь-Тау думали: это восходит наше последнее солнце. Лица у всех посинели, исказились и сделались страшными. Они старались не смотреть друг на друга. У Кара-Нингиль распух даже язык, и она с трудом могла говорить. Джучи-Катэм едва держался на ногах, и чтобы перейти с одного места на другое, он употреблял нечеловеческие усилия. Бодрее всех оставался Байгыр-хан, но он совсем помешался от голода. Смерть шла к ним быстрыми шагами.

Кара-Нингиль ждала наверху стены. О, как трудно было ей подняться сюда, но это было нужно... Она смотрела вниз, на стан Аланча-хана, и видела приготовления к новому приступу. Если бы она могла смеяться над этими храбрецами, но она только знаком руки пригласила на стену Джучи-Катэм. Когда он вполз на вершину, он увидел, что Кара-Нингиль, обняв колени, плачет... Это были последние слёзы Кара-Нингиль... О, сколько ненужного зла кругом, сколько ужасной несправедливости! Только один человек может наслаждаться несчастьями и позором других... Женщина давно умерла в Кара-Нингиль, и плакала сейчас царица, плакала в последний раз. Ей вдруг сделалось жаль этих безумцев с Аланча-ханом во главе, которые с торжеством и радостью готовятся схватить высохшую от жажды добычу, а найдут одного сумасшедшего Байгыр-хана. Вон уже звучит призывная труба... вон пьяный Уучи-Буш кричит им:

—Я один возьму вас всех... Вы узнаете, кто такой Уучи-Буш!.. Эй, царица Кара-Нингиль, сдавайся на моё милосердие!..

—Они уже идут...—шептал Джучи-Катэм, наблюдая поднимавшихся по каменистой круче врагов.—А я не могу пошевелиться, чтобы сбросить их по одному под гору...

—Мы будем свободны, прежде чем они войдут сюда,—отвечала Кара-Нингиль.

Ближе и ближе звучала военная труба... Байгыр-хан тоже был на стене и с удивлением смотрел кругом. Звуки трубы подняли в нём всё старое, когда он был молод и силён, и старик, собрав последние силы, запел:

"О, смерть любит храбрых..."

—Пора...—шептала Кара-Нингиль, когда враг уже вступил в развалины.

Она крепко обняла Джучи-Катэм, и они вместе ринулись вниз, где зияла пропасть. Даже враги вскрикнули от ужаса... А Байгыр-хан всё пел и смотрел безумными глазами на ворвавшихся на вершину Кузь-Тау врагов.

С каменной высоты к ногам Аланча-хана скатились два трупа. Лицо Джучи-Катэм было неузнаваемо: так оно разбилось о камни. Когда Аланча-хан подошёл к трупу женщины и заглянул к ней в лицо, он вздрогнул от ужаса: эта была та аячка, которая приходила к нему в Баги-Дигишт.

—Где же Кара-Нингиль?—спрашивал Аланча-хан, отступая в ужасе.

—Это Кара-Нингиль,—уверял Уучи-Буш.—Я ли не знаю её... Да, это она.

Аланча-хан велел похоронить Кара-Нингиль и Джучи-Катэм на вершине Кузь-Тау, а Байгыр-хана оставить в его пещере, где он жил раньше.

Много лет пронеслось над Чолпан-Тау, — десятки и сотни лет. Всё такою же безлюдной остаётся Голодная Степь, от Зелёного Города остались одни развалины. Но так же высоко поднимает свою голову Кузь-Тау, так же торчат на ней развалины старой крепости, и только крутой спуск, где раньше лежали одни голые камни, теперь покрыт, как ковром, яркими цветами. Много их тут, этих цветов: розовые, синие, жёлтые... Больше нигде нет таких цветов, если обойти весь Чолпан-Тау. Народ называет эти цветы на Кузь-Тау "слезами царицы Кара-Нингиль".

СКАЗАНИЕ О СИБИРСКОМ ХАНЕ, СТАРОМ КУЧЮМЕ

I

Песня про сибирского хана, старого Кучюма—песня самая печальная и для того, кто её поёт, и для тех, кто слушает. Заплакало бы небо, застонала земля: леса и степи покрылись бы печалью, а реки вскипели горячей кровью, если бы нашёлся человек, который сумел бы рассказать всё, что было тогда, когда старый хан Кучюм сидел в Искере и потом бился с неверными. Плачь, человек, если есть у тебя сердце и запас слёз; плачь, кто бы ты ни был: верный или неверный!..

Старая ханша Лелипак-Каныш упрекала своего мужа, хана Кучюма:

—Ты, старый Кучюм, сын Муртазы-хана и внук Ибак-хана, ты забыл меня, забыл, кто тебе родил трёх батырей: красавца Алея, Абдул-Хаира и Арслан-хана. Кто лучше Арслан-хана проедет на коне, кто храбрее Абдул-Хаира, а про Алея девушки поют песни в самой Бухаре. Трёх сыновей родила я тебе и красавицу дочь Лейле-Каныш... Бессовестный ты человек, Кучюм!.. Мою красоту, которая цветёт в моих детях, твои несытые глаза ищут променять на первую попавшуюся на глаза девчонку... Мало тебе семи законных жён, мало двадцати наложниц, мало русских пленниц, которых Махметкул приводит с Камы;—нет, ты, как волк, забравшийся в овечье стадо, хочешь зарезать самую лучшую овцу!..

—Молчи, Лелипак, молчи, отродье Шигая!—отвечал Кучюм, грозно сдвигая седые брови.—Если бы не дети, я давно сделал бы с тобою то же, что твой отец Шигай-хан сделал с моим

94

братом Ахмет-Киреем. Родная твоя сестра была жена Ахмет-Кирея, а Шигай-хан не постыдился убить зятя. Молчи, отродье Шигая!..

— Я всё молчала, всю жизнь молчала, Кучюм... Ты брал наложниц — я молчала, ты привёл вторую жену Симбулу — я молчала; ещё четырёх жён взял — я тоже молчала; последнюю жену, красавицу Сузгэ, привёл — я молчала; всю жизнь провела в молчании. Но ты забыл, Кучюм, что я ханская дочь и твоя старшая жена, и что меня нельзя выгнать, как других жён или наложниц. Моя кровь встанет за мою старую голову, а твои глаза смотрят день и ночь на Карача-Куль. О, будь проклято это озеро, которое налито не водой, а моими старыми слезами... Много там моих слёз, Кучюм, и Сайхан-Доланьгэ не высушит их своим девичьим смехом, весёлыми песнями и огнём поцелуев. У неё есть свои глаза, Кучюм, и смотрят они на другого, а мурза Карача обманет тебя. У него под каждым словом спрятано две змеи... О, Кучюм, Кучюм! зачем хочешь ты опозорить мою старую голову и ввести новую ханшу; ведь Сайхан-Доланьгэ — старой княжеской кости, проклятой кости Тайбуги. Когда она войдёт в одну дверь, я уйду в другую...

Закипело волчье сердце Кучюма от этих слов, огнём вспыхнули глаза — старая ханша сказала горькую правду. Он уже схватился за кривой бухарский нож, но остановился и глухо застонал.

— Ну, что же ты не убьёшь меня? — спрашивала Лелипак-Каныш. — Зачем ты прячешь от меня свои глаза, хан Кучюм?.. Ты, который ничего не боишься и ничего не стыдишься — ты струсил беззащитной старухи... Твоё сердце давно утонуло в чужой крови, так убей ещё мать твоих детей, а Сайхан-Доланьгэ утешит тебя.

— Молчи, Лелипак-Каныш: в тебе сидит шайтан. Я когда-нибудь вырву твой проклятый язык...

— А ты забыл убитого тобой сибирского хана Эдигера?.. Забыл его жену, ханшу Тэс-Удуль, которая бежала в Бухару и там родила сына—это кость Тайбуги и она заплатит тебе за мои слёзы. Мало тебе этого?.. Ты же убил и брата хана Сейдяка, храброго Бик-Булата... О, Кучюм, Кучюм, ты и со своим царством поступаешь, как со мной: ты забыл и его для Сайхан-Доланьгэ. Проснись хан, пока не поздно, а я не хочу накликать беду на твою седую голову, в которой, как змеи, шевелятся чёрные мысли...

—Не говори мне ничего: я знаю, что делаю, и не тебе учить меня. Ты давно выжила из ума и каркаешь, как ворона. А мои сыновья не виноваты, что в их мать вселился шайтан... И Сайхан-Доланьгэ не виновата, что моложе и красивее всех на свете. Она будет моя, если я захочу, и ты будешь счастлива, если я позволю тебе обувать и разувать её.

Так бранились и попрекали друг друга старики. Они и не заметили, как вошёл седой, как лунь, Хан-Сеид, остановился у дверей и со стыдом в лице опустил свои святые глаза. Лелипак-Каныш уже раскрыла рот, чтобы бросить в лицо мужу последнее и самое сильное обвинение, но оглянулась и—смутилась. У старой ханши упало сердце со страха, и она горько заплакала.

—О, пророк, да благословит Бог Сеида и да приветствует,—говорил Кучюм, кланяясь Хан-Сеиду в пояс, как никому не кланялся.

—О чём ты плачешь, Лелипак-Каныш, дочь Шигай-хана?—спрашивал Хан-Сеид, не отвечая Кучюму.—Радуйся настоящим горем и печалься настоящей радостью: так нужно... Уж вороны летают над Иртышом, в степи воют волки, а ты ничего не бойся. У тебя останутся хоть глаза, чтобы оплакивать твоё старое горе, а у других и этого не будет. Ты сейчас гордилась своими детьми, а стрела уже легла на тетиву, и много матерей не найдут достаточно слёз, чтобы оплакать погибших детей. Твоё сердце, ханша, крепче Искера, и в нём найдут место все, кого ты любишь. Горе идёт, как туча, и не останется от храбрых ни мяса, которое могли бы есть вороны, ни крови, которую могли бы лизать собаки. Вот что будет, Лелипак-Каныш! Горе побеждённым, которые будут рады питаться собственным телом, как это делал Темир-Ленк... Вот что я сказал тебе, ханша Лелипак-Каныш, а ты оставь мужчин делать своё дело.

— Святой человек, образумь моего мужа, — со слезами молила Лелипак-Каныш, хватаясь за полы зелёного халата Хан-Сеида, — он и себя и всех погубить... Казаки уж плывут по Туре и взяли городок мурзы Епанчи, а хан Кучюм думает о девичьих глазах, и его сердце смеётся на Карача-Куль.

— Всё знаю, ханша Лелипак-Каныш, дочь Шигай-хана, — печальным голосом отвечал Хан-Сеид. — Но вот что я скажу тебе: смерть близко... Смерть всех сравняет: и богатых и бедных, и старых и молодых, счастливых и несчастных. Аллах велик, а мы будем молиться...

Лелипак-Каныш поклонилась в ноги Сеиду и вышла на свою женскую половину, а Хан-Сеид опустил свои святые глаза в землю, чтобы старый Кучюм не видел глядевшую из них святую печаль. О, святой человек видел всё, видел живых людей мёртвыми, видел убитыми лучших сибирских батырей, обесчещенных женщин и уведённых в неволю детей; пожары и грабёж видел он, и ещё хуже того: видел изменников, которые притворяются храбрыми и предадут родину. Но ничего не мог сказать Хан-Сеид даже Кучюму, и только святая печаль глядела его святыми глазами.

— Кучюм-хан, сын Муртазы-хана и внук Ибак-хана, вот тебе моё слово, — заговорил Хан-Сеид, не вытирая катившихся по седой бороде слёз. — Да, я скажу тебе, внук Ибак-хана: твоё волчье сердце упилось давно чужой кровью, нет в тебе жалости и твои враги считали за счастье умереть, только бы не попасть в твои руки... По колени ты ходишь в грехе, сын Муртазы-хана, и твоя седая голова всегда переполнена гнусными замыслами. Ты плаваешь в чужой крови, внук Ибак-хана и давно потерял счёт убитым тобой... Правду ли я говорю, Кучюм?

—Святой человек, ты всё знаешь и видишь,—отвечал Кучюм,—
но ты также знаешь и то, что все ханы на свете одинаковы... Чем
лучше меня бухарский Абдулла-хан, который послал тебя ко
мне, и который убил шестнадцать братьев, чтобы одному
завладеть отцовским престолом. Я убил хана Едигера, я убил
его брата Бик-Булата, я истреблю до конца проклятую кость
Тайбуги, потому что хочу быть одним ханом сибирским, а
Искер всегда будет моей столицей... Когда Чингиз завоевал
великую Бухару, он подарил костям Тайбуги всю Сибирь, а
Сибирь всегда принадлежала хану Ибаку и его кости—я из
кости Ибака и крепко держу свою отчину и дедину.

—Вот тебе ещё моё слово, Кучюм-хан: идут на Искер казаки,
они убивают татар громом и молнией,—заговорил Хан-Сеид,
поднимая глаза.—Вот тебе случай смыть всю кровь с себя...
Проснётся твоё волчье сердце, сын Муртазы-хана, и, когда
другие сделаются данниками Белого Царя или убегут в Степь,
ты один будешь наводить страх на всех. Большое горе ждёт тебя
на каждом шагу, но оно покроется молодой радостью, как
выжженная зноем степь покрывается зелёной травой и яркими
цветами от первого дождя.

II

Ночь стоит над Искером, плачет и стонет под горой Иртыш, а
на городской стене стонет и плачет Лелипак-Каныш,
схватившись за свою седую голову костлявыми руками. Днём
она всё смотрит в московскую сторону, куда увезли её милого
сына Арслан-хана, а по ночам бродит по городу, как старая
волчица, у которой отняли волчонка. Зачем она ханша, зачем
жена Кучюма, а не простая татарка, которая умирает на руках
своих детей? Самые бедные татарки теперь уж давно спят, не
спит одна ханша Лелипак-Каныш и не может утишить своего

старого сердца... Думает ли о ней Арслан-хан, сидя заложником в Москве, или забыл мать, как приручённый сокол забывает родное гнездо? Много в Москве зажилось татарских царевичей, а Белый Царь опутывает их своими княжнами и поместьями. Слышит ли твоё молодое, горячее сердце, Арслан-хан, как убивается старуха-мать, или полюбилась тебе московская неволя? Изменит муж своей жене, лучшая красавица полюбит другого, самый храбрый батырь побежит перед кровавым страхом смерти, а материнское сердце всегда верно себе; не думает Лелипак-Каныш о четырёх сыновьях, которые у неё на глазах, не думает о красавице дочери Лейле-Каныш, а все её мысли, как ночные птицы над огнём, вьются около Арслан-хана...

Грозно шумит Иртыш, высоко на берегу поднимается Искер; а кругом города день и ночь роют окопы, делают рвы и засеки. Нужно защитить город от надвигающейся московской грозы, а Искер—сердце Сибири. Ночью работа идёт при огнях, и хан Кучюм сам следит за всем: он никому не верит, кроме своего глаза. И теперь кипит работа, но Лелипак-Каныш не видит огней, не слышит человеческих голосов и бродит по городу, как тень. Разве уйдёшь от беды, если бы поднять стены до самого неба и повернуть Иртыш от студёного моря к тёплому?.. Бродит Лелипак-Каныш из улицы в улицу и всё чего-то ждёт, а сама слышит, как бьётся её сердце в груди. Идут казаки, будет война, а её Арслан-хан всё будет томиться в московской неволе, и не увидят его её старые глаза. Хан-Сеид—святой человек, а и он ничего не говорит об Арслан-хане.

Ходит Лелипак-Каныш и не слышит конского топота: это мчится старый Кучюм-хан на своём лучшем аргамаке, а его прислужники едва поспевают за ним, потому что быстрее коней летит ханское сердце. Мчатся за Кучюмом его лучшие советники и батыри: главный советник Чин-мурза, брат молодой ханши, красавицы Симбулы, мурза Булат, киргизский царевич Ураза-Магмет; как тени, летят они молча за Кучюмом, и только нет в этой свите батыря Махметкула и ни одного из ханских сыновей. Совестно стало Кучюму своей собственной крови, и он оставляет сыновей дома... Несётся хан Кучюм, несётся за ним, как ветер, его свита, и чуть они не смяли бродившую по улицам Лелипак-Каныш. С криком бросилась она в сторону, прижалась к стене чужого дома и всё поняла,— поняла, что так гонит Кучюма ночью, почему нет с ним сыновей. Святые слова Хан-Сеида не подействовали на него.

—О, будь проклят ты, отец моих детей!—крикнула в след Кучюму старая Лелипак-Каныш, поднимая руки к небу.—И будь проклято место, куда тебя гонит твоё волчье сердце!..

Но не слышит старый Кучюм этих слов и несётся вперёд: свои года и старость он оставил в Искере, а его сердце бьётся молодой, горячей кровью. Раньше, также быстро летал он на своём аргамаке в Сузгун, что красуется над Иртышом, и где цвела своей красотой ханша Сузгэ, но заросла травой дорога в Сузгун, и ханский аргамак без поводьев знает путь к Карача-Куль. До Карача-Куль один переезд, но хану Кучюму он кажется дальше, чем до Ургенджа. Светлое озеро Карача-Куль совсем спряталось в зелёных камышах, и крепко засел на нём старый мурза Карача с своим улусом. Хмурит он свои седые брови, когда заслышит знакомый топот ханского аргамака, а его дочь, красавица Сайхан-Доланьгэ, только смеётся, потряхивая золотыми монетами, которыми усыпаны её чёрные волосы и белая грудь. Оставляет свою свиту хан Кучюм в улусе, а сам идёт к мурзе Караче один, чтобы не встревожить Сайхан-Доланьгэ. Выходит к нему на встречу сам мурза Карача и кланяется до земли.

—Да хранит бог хана Кучюма,—говорит хитрый старик, принимая ханского коня.—Какая забота загнала хана в такую пору ко мне? Глаза старого Карачи счастливы видеть солнце в своём улусе...

Молча идёт Кучюм в ставку Карачи, молча садится на дорогой бухарский ковёр, а Сайхан-Доланьгэ уже подносит ему чашу с кумысом, и смеётся ханское сердце. За Сайхан-Доланьгэ, как тень, ходит старая шаманка Найдык.

—Да хранит бог хана Кучюма, и пусть радуется его сердце,— говорит Сайхан-Доланьгэ, кланяясь Кучюму в пояс.—И ночью хан Кучюм не спит—есть забота у хана.

—Ты давно знаешь мою заботу, Сайхан-Доланьгэ,—говорит Кучюм, не отрывая глаз от красавицы.

—Казаки идут к Искеру?..

—Искер крепко стоит и будет ещё крепче...

—Не захворала ли красавица Сузгэ?

—И Сузгэ здорова...

Сидит хан Кучюм, пьёт кумыс и весело болтает с Сайхан-Доланьгэ: нет для него ни Искера, ни казаков, ни красивой Сузгэ. Всё на свете забывает хан Кучюм для своей красавицы и, оставляя ханскую гордость, поёт ей свои песни, как самый бедный степной пастух:

Твои брови тонки, как новый месяц,
?Свежей розой заперт жемчуг зубов...
?Весело горит молодой огонь в твоём очаге, красавица,
?А когда ты смеёшься—ночь озаряется светом.
Две полных луны стыдливо дремлют на твоей белой груди.
Две звезды смотрят из под чёрных ресниц.
Но кто тот счастливец, для которого побегут к порогу твои маленькие ножки,
А белые руки с тонкими пальцами разоймутся сами собою?
?Если бы ты взглянула на меня ласково—разлился бы я чистым серебром;

?В другой — расплавился бы золотом!
?Пусть умру я мучеником,
?Но только в твоих объятиях...
Но я ухожу от тебя печальный,
И сердце моё покрывается льдом;
Во сне я вижу тебя и мгновенно умираю,
Просыпаюсь — и ещё раз умираю.

Слушает Сайхан-Доланьгэ ханскую песню и думает о другом, думает о молодом батыре, который уже три раза волчьими тропами ходил через Камень и возвращался оттуда с богатой добычей, — по степным аулам уж поют песни про батыря Махметкула. Само счастье широкой тенью ходит за батырем Махметкулом; одно его имя наводит кровавый ужас на всех, кроме Сайхан-Доланьгэ, этой черноволосой красавицы с розовыми ушами и тонкими пальцами. Да, хан Кучюм поёт свои песни Сайхан-Доланьгэ, а Сайхан-Доланьгэ думает о батыре Махметкуле.

— Хана все любят, — отвечает с улыбкой хитрая красавица. — А я тебе спою, хан, старую песню. Слушай...

Храбрый молодец своё копьё мочит в крови.
А бесстыдник проводит ночи без сна...

Так начиналась старая песня "о соломинке", в которой воспевались подвиги великого хана Темир-Ленка. Всему научался Темир-Ленк у муравья. Это ещё было тогда, когда, разбитый своими врагами, хан спасался в развалинах какого-то старинного кладбища. Темир-Ленк, как змея, заполз между могильными камнями и ждал здесь своей смерти. Он был один, а враг гнался по пятам. В ожидании смерти, Темир-Ленк мог наблюдать только муравья, который тащил длинную соломинку на могильную плиту. Сорок раз он оборвался с неё, а сорок первый втащил. Погоня пронеслась над головой Темир-Ленка, а он сделался, благодаря мудрости муравья, величайшим из всех ханов. Вот о чём пела красавица Сайхан-Доланьгэ, весело позванивая своим девичьим золотом и серебром.

Так смеялась в глаза над старым ханом Кучюмом капризная красавица, и он уезжал к себе в Искер, низко опустив голову. Но стыд не удерживал его, и хан опять приезжал на Карача-Куль, а Сайхан-Доланьгэ опять смеялась над ним, спрашивая о Лелипак-Каныш, о Сузгэ и других ханшах. Но с каждым разом старый Кучюм делался всё мрачнее и, наконец, сказал мурзе Караче:

—Отдай мне Сайхан-Доланьгэ, Карача...

—Оставь хан! этому никогда не бывать,—смело ответил старый мурза.—У тебя большие сыновья от Лелипак-Каныш, и, когда ты умрёшь, они выгонят мою дочь из ханской ставки, как опоённую лошадь.

—Карача, ты забыл, с кем говоришь?!

—Нет, я знаю тебя, хан, знаю больше других... Ведь мы вместе с тобой резали людей, вместе и хана Сейдяка убили. И меня ты зарежешь, как овцу, чтобы взять Сайхан, но сам я всё-таки не могу отдать её тебе.

—Я тебя осыплю золотом, старый упрямый верблюд...

—Разве моя дочь лошадь, что я буду её продавать? Для этого есть невольницы, а моя дочь старой ханской крови. Отними её силой и владей!..

Разве любовь возьмёшь силой? Хан Кучюм зазывал себе шаманку Найдык и уговаривал её приворожить сердце Сайхан-

Доланьгэ. Хитрая Найдык принимала богатые ханские подарки и говорила:

—Ты будешь счастлив, хан, как никто другой...

Она то же самое говорила и батырю Махметкулу, когда он привозил ей подарки из-за Камня, с московской стороны.

III

Как огонь идёт по степи, так шли казаки всё дальше и дальше. На переднем струге плывёт сам Ермак с любимым своим пятидесятником Богданом Брязгой, а на других стругах атаманят Иван Кольцо, Никита Пан, Матвей Мещеряк и Гроза Иванович. Тонкими голосами запели татарские стрелы на Туре, когда казаки приступили к первому татарскому городку мурзы Епанчи. Грянул гром в руках казаков, и бежали татары. Так взят был городок Епанчи и другой городок Цимги. Помутилась вода кровью в самом Тоболе, а казацкие струги плывут всё дальше.

Укреплён Искер; Кучюм засел под Чувашьей горой. На Иртыше ждёт казаков в своём городке мурза Атик, а недалеко от устьев Тобола, у бабасанских юрт, собрался цвет татарского войска с батырем Махметкулом во главе. Пришли на помощь вогульские и остяцкие князьки, которые вместе с Кучюмом засели под Чувашьей горой. Не верит старый Кучюм вогульской и остяцкой храбрости, но теперь всякая помощь дорога. Только два человека не боятся казаков: старый Кучюм и молодой Махметкул, и оба они думают о лукавых глазах Сайхан-Доланьгэ. Как волк в камышах, сидит Кучюм под Чувашьей горой, ждёт Махметкул у бабасанских юрт, а казаки плывут всё дальше. Запели стрелы уже на Тоболе и закипела жестокая сеча, какой ещё не было видано: встретились в первый раз лицом к лицу два батыря—Махметкул и Ермак. Целый день они бились; как скошенная трава, полегли храбрые, а к вечеру дрогнули татары, и Махметкул, батырь Махметкул, бежал с поля битвы... Если бы у ночи были глаза, она плакала бы как мать и над теми, кто честно положил свою голову за родину, и особенно над теми, кто позорно бежал с поля битвы. Нет пощады трусам, нет слова хуже, которым их встретит каждый мужчина и каждая женщина, а Махметкул бежал от Ермака, как заяц от охотничьей собаки. Забыл он о прекрасных глазах Сайхан-Доланьгэ, забыл о старой матери Кюн-Арыг, седую голову которой покрыл позором.

—Нет у меня сына,—твердила Кюн-Арыг,—это заячьи ноги, а не мой сын... У бабасанских юрт умерла моя радость!..

—Твой батырь Махметкул—молокосос и щенок.—говорил старый мурза Карача дочери.—Ему бы доить кобылиц, а не воевать... Теперь казаки пойдут на Иртыш и возьмут городок мурзы Атика.

Горько плакала Сайхан-Доланьгэ, плакала вместе с ней шаманка Найдык, а когда две женщины сойдутся вместе, то они непременно что-нибудь придумают. Снарядили они старого шамана Кукджу и послали его в Искер, чтобы старик разыскал там батыря Махметкула и заговорил его сердце,—всё знал шаман Кукджу, и всё мог он сделать. Он выгнал злого духа из Лейле-Каныш, когда ханская дочь совсем умирала, и вернёт Махметкулу его храбрость. Сто лет шаману Кукджу; жёлтая борода у него росла от самых глаз, точно мох на старом пне, но мурза Карача держал его в своём улусе, как дорогого гостя. Хитрый Карача и столетний шаман молились ещё старым богам,—святой Оби и буйному Иртышу.

—Хан Кучюм оставил старых богов, и старые боги его оставили,—говорил Кукджу мурзе Караче.—Хан-Сеид с своим пророком не спасёт хана Кучюма... Вот что видели столетние глаза Кукджу: каждую ночь, на Иртыше с татарской стороны выходит белый волк, а с московской чёрной собака и дерутся они до белого света. Кровью покрывается вода, Иртыш мечет огненные искры, а над Искером встаёт московский город с белыми церквями. Вот что видят столетние глаза Кукджу! Ещё раньше пришло в Сибирь белое дерево, а за ним придёт и белый царь... Вот что сделали старые боги, которых оставил хан Кучюм!

Мурза Карача думал одно, а вышло другое. Не боялся он за свой улус и даже жалел мурзу Атика, которого разорит Ермак, — одна дорога по реке у казаков, а Карача-Куль останется вправо. Позорит Ермак других мурз, награбит богатств, может быть, и до Искера доберётся, а по заморозкам уйдёт с добычей за Камень, как делал Махметкул с закамской стороной. Останется тогда старый Карача богаче и сильнее всех, а Кучюм стар, сыновья у него ещё молоды, счастье переменчиво, и если Сайхан-Доланьгэ не суждено быть ханшей, то она будет дочерью нового сибирского хана. Не успел старый мурза додумать своих хитрых мыслей, как на Карача-Куль налетела гроза. Пока сам Ермак отдыхал у бабасанских юрт, атаман Кольцо бросился с казаками на карачинский улус, точно степной вихрь, который засыпает песком целые города и вырывает столетние деревья с корнем. Не было времени даже подумать о защите, а ноги сами бежали... К утру, где вчера стоял карачинский улус, не осталось даже дыма от пожара, а валялись одни трупы убитых да выли собаки. Сам Карача едва успел спастись на одной лошади с Сайхан-Доланьгэ. Они опомнились только в Искере, куда народ сбегался от казаков со всех сторон.

— Если Махметкул и твой отец не могли тебя защитить, так я тебя сберегу, — сказал старый Кучюм, когда увидел красавицу Сайхан в Искере. — Теперь ты моя гостья... Не бойся ничего, пока жив хан Кучюм.

Ласково говорил старый хан, забывая для красавицы даже

висевшую на носу беду, а та по прежнему ненавидела его нечистую, старую любовь и думала о Мехметкуле.

Все мурзы и улусники Кучюма собрались в Искере. Враг близко, нужно подумать о своих жёнах и детях, а военное счастье изменчиво. Долго думали и решили отправить всё имущество, женщин, детей и стариков в степь, где красовалось ханское летнее стойбище Наоболак. Так беда соединила Лелипак-Каныш и Сайхан-Доланьгэ, как зиму с летом, как вечернюю зарю с утренней. Старая ханша не подала и виду, что ненавидит свою молодую гостью, которую с радостью задушила бы своими костлявыми руками, а теперь должна была везти в степь вместе с своей дочерью Лейле-Каныш.

Много было слёз, когда начали выезжать из Искера жёны, наложницы и невольницы Кучюма, а за ними потянулись жёны и дети разных мурз. Остались в городе только те, которым некуда было бежать, да те, которым суждено было здесь умереть. Все руки, которые могли ещё бороться с врагом, были впереди, на берегу Иртыша, а впереди всех опять стоял батырь Махметкул, грозный и неприступный как река, которая готова выступить из берегов и затопить всё кругом.

—Будет то, чего не миновать,—говорил батырю старый шаман Кукджу.—У смерти нет глаз, как и у счастья; но есть глаза у Сайхан-Доланьгэ и они смотрят на тебя давно... Женщина— тетива, которая посылает стрелу-мужчину. Не бойся ничего: я буду с тобой, как сказала Сайхан-Доланьгэ.

Туча лежит на сердце у Мехметкула, и ждёт он новой сечи, как праздника, чтобы смыть свой позор вражеской кровью. О, он утонет в этой чужой крови, чтобы не слышать страшного слова: "трус". А казаки уж поднимаются вверх по Иртышу, к городку мурзы Атика. Грозно надулась сердитая река, со стоном бьются о берега седые волны, рассыпаясь серебряной слезой, а сверху глядит на казаков осеннее серое небо, холодное и суровое, как лицо мертвеца... С жалобой бежит ветер по высокой степной траве, точно он ищет кого-то и тоже стонет, как стонет по ночам Иртыш. Чёрные вороны стаей провожают казацкие струги и ждут кровавой добычи. Тихо в одном Искере, где остался святой человек, Хан-Сеид... Он каждый день обходит все стены и долго молится, подняв руки к верху. По Иртышу к Искеру идёт страшное и великое горе, а над казацкими стругами невидимо летит смерть. Замерло бы в груди сердце у самого храброго, если бы он мог видеть то, что видел Хан-Сеид... Близится день и час, когда по степным стойбищам, улусам и займищам горько заплачут тысячи татарок об убитых мужьях, отцах и детях, а на далёкой русской стороне ответят им тем же матери, жёны и дочери казаков. Это суд божий, и никто не может остановить его ни на одно мгновение...

—О, пророк, дай силу Кучюму,—молится Хан-Сеид, падая ниц.—Вот человек, сердце которого не знает страха и который будет велик в беде, как никто другой...

Под Чувашьей горой сошлись храбрые грудь с грудью, как ещё не видал седой Иртыш. Тут были все мурзы и все князья вогульские и остяцкие. Берег Иртыша почернел от двигавшегося по нём войска, и смерть пряталась за окопами, во рвах и засеках. Сам Кучюм здесь, старый Кучюм, который сотни раз видал жестокие сечи и который сейчас ждёт врага, как дорогого гостя. Близко казаки... Гулкое эхо прокатилось по Иртышу от их выстрелов, и закипела кровавая сеча. Бьются все с невиданной ещё храбростью. Никому нет пощады, и люди сделались страшнее зверей. Впереди всех бьётся батырь Махметкул,—он выше всех целой головой, и все смотрят на его храбрость. Целый день шла битва и врагов разделила только ночь. Победа осталась нерешённой. Солнце ещё не взошло, а стрелы уже запели. Бой загорелся с новой яростью, и впереди всех опять батырь Махметкул, который молодым львом носился по полю мёртвых. Мало казаков, а убитых много. Дрогнуло сердце у самых храбрых. Счастье переходит к татарам, ещё миг—и посыплются казацкие головы, как вызревшее на горячем солнце зерно. Схватился Ермак и двинул отчаянных удальцов на засеки, где скрывались остяки и вогулы Не выдержали напора эти жалкие трусы и побежали; но опять впереди всех Махметкул и ещё сильнее напирают татары. Но вдруг не стало батыря Махметкула, и всё смешалось. Дрогнули татары, а по полю несётся страшная весть: "пал Махметкул, убит батырь Махметкул!.."

Ещё сильнее ударили казаки, и побежали татары, как застигнутое в степи бураном стадо овец.

IV

Красивое место—Наоболак. Два степных озера смотрят в небо, как два светлых глаза, опушённых зелёными ресницами степных камышей. Пёстрым ковром облегла степь это любимое ханом Кучюмом место, куда он летом выезжал со всеми своими жёнами, и где веселилось ханское сердце, покрываясь новыми цветами. Но теперь—осень; в степи шелестит высохшая трава; давно завяли степные цветы, и над весёлым ханским местом чёрной тучей нависла печаль. Сотни кибиток разбиты кое-как, как громадные тюбетейки, упавшие с богатырских голов; горят огни, ржут лошади, а печальные женщины утром и вечером смотрят в ту сторону, где вольно катится Иртыш и откуда все ждут грозных вестей. Сбежались сюда женщины из разорённых городков Епанчи, Карачи и Атика, а лучшее место занимает ставка ханских жён и наложниц. Горе соединило всех в одно стадо, но никакое горе не заставит Лелипак-Каныш позабыть молодую красоту Сайхан-Доланьгэ,—она каждый день у неё на глазах, и каждый день смертельно ноет сердце старой ханши.

Тоскует и Сайхан-Доланьгэ: молодость и красота ей в тягость, потому что и цветы блекнут, когда на них не смотрит горячее солнце. Утешает девушку старая Кюн-Арыг, мать батыря Махметкула.

—За что ненавидит меня ханша Лелипак-Каныш?—жаловалась ей Сайхан-Доланьгэ.—Что я сделала ей?.. Быть женой беззубого старика я совсем не желаю, да и сердце у Кучюма горячее не по годам: сегодня одна жена, а завтра десять новых. Я лучше пойду за степного батыря, которому не на что купить второй жены...

—Это говорит в тебе гордость, моя красавица,—стыдила её старая Кюн-Арыг и тяжело вздыхала.—У всякой девушки своё счастье, а когда состаришься, тогда ничего не будет нужно...

—Но ведь я ещё молода? Я хочу веселиться... Посмотри, как плачет красавица Сузгэ, которую Кучюм забыл, как и других жён. Она—гордая киргизка, и Кучюм отбил её у молодого жениха. Спроси её брата, царевича Уразу-Магмета: он знает, как она убивалась в Сузгуне... Лелипак-Каныш утешает себя детьми, а Сузгэ остались одни её слёзы.

По вечерам, Сайхан-Доланьгэ пела старые песни о старых степных батырях, которых любили степные красавицы, и о великих ханах Темир-Ленке, Чингизе, Искандере и Бату. Хорошо пела Сайхан-Доланьгэ, и около неё сбирались все старухи, чтобы поплакать вместе о настоящем горе. На эти песни приходила и Лейле-Каныш, как летит птица к птице,— она оставляла гордость ханской дочери в своей кибитке. Когда на глазах не было старух, красавицы весело смеялись: их молодая радость плавала поверх горя, как масло над водою. Они обе любили батыря Махметкула и обманывали друг друга, как молодые лисицы, когда они играют на солнце.

—Зачем мы с тобой не сёстры?—ласково шептала Лейле-Каныш.—Мать не любит тебя, а я не могу без тебя жить...

—И я тоже,—отвечала Сайхан-Доланьгэ.—Когда твой отец прогонит казаков, он отдаст тебя в награду Махметкулу за его храбрость... Старая Кюн-Арыг и теперь провожает тебя глазами, как свою молодость. У неё даже глаза слезятся от радости... Не забудь и меня позвать к себе на свадьбу.

—Это будет, когда лёд на Иртыше загорится огнём,—смеялась Лейле-Каныш.

Чем казалась веселее Сайхан-Доланьгэ днём, тем сильнее она убивалась и плакала ночью,—молодое сердце чуяло беду. Шаманка Найдык напрасно уговаривала её—шептала над ней свои заклинания и осыпала чудесной травой.

—Твоя звезда счастливая,—уверяла Найдык.—И Кукджу тоже говорит, а он всё знает, столетний Кукджу... Он теперь с Махметкулом, как тень вокруг дерева. Кукджу сказал: необыкновенное счастье ждёт красавицу Сайхан, дочь Карачи, и ты можешь спать под его словами. как под крышей из камня.

Не всё говорила Найдык, что знала: обманывала она и себя, и Сайхан-Доланьгэ. Не счастье ждало красавицу, а кровавая беда... Раз вечером, когда Найдык сидела перед кибиткой у огня, в степи показалось чёрное пятно. Все женщины встрепенулись, как спустившаяся на воду стая птиц, когда завидит лодку. Пятно росло и оказалось двумя лошадьми, которых вёл старый Кукджу. Между лошадьми была натянута белая кошма, а на кошме лежал раненый под Чувашьей горой батырь Махметкул. Сам Кукджу вынес его бездыханное тело из жестокой сечи и спас от погони одолевших врагов,—он на берестяной остяцкой лодке перевёз его через Иртыш. На другом берегу столетний Кукджу хлопотал возле батыря, прикладывая целебные травы к его ранам, и читал свои заклинания, а потом перевёз в той же лодке назад. Три дня и три ночи шли лошади с драгоценной ношей, а Кукджу шёл впереди их и собирал новые травы. Махметкул, усыплённый питьём, лежал как мёртвый. Весь Наоболак выбежал навстречу к шаману, и женщины с воем окружили его. С криком упала на землю Кюн-Арыг, когда узнала. кто лежит в кошме.

111

—Он будет жив, твой Махметкул,—сказал Кукджу, отгоняя любопытных женщин.—Он искал смерти и не нашёл... Сотни матерей позавидуют твоему счастью, Кюн-Арыг.

Сайхан-Доланьгэ уступила свою кибитку батырю, и когда Махметкул очнулся,—он узнал ковры с Карача-Куль. Заиграло в нём весело молодое сердце, и снова открылись страшные раны.

—Вези меня в Искер...—шептал батырь.—Хочу умереть на его высоких стенах, а не в женской кибитке.

—Умрёшь потом, когда придёт время,—строго отвечал Кукджу и опять дал Махметкулу усыпляющего питья.

Так было нужно... Женщины не смели плакать, и только Кюн-Арыг неотступно сидела в кибитке сына, как птица над выпавшим из родного гнезда птенцом.

Не успели догореть огни у кибиток, как Наоболак опять встревожился,—вся степь точно застонала под конскими копытами. Заржали лошади, почуяв верховых; и скоро долетел первый топот ханских аргамаков. Это был сам хан Кучюм, бежавший из Искера как загнанный собаками старый волк. В Искере веселились казаки, а хану Кучюму осталась его степь... Степь вспоила и вскормила хана Кучюма, и едет он по ней, низко опустив свою седую голову. Не слышит он ни призывного ржания коней, ни лая сторожевых собак, точно он сам остался в Искере, а вместо него на коне едет его тень. Не слышит он и провожающих его мурз и советников; за ним всё время неслась свита убитых им князей, мурз и степных батырей, под предводительством убитого сибирского хана Едигера и его брата, Бик-Булата... Неслышными шагами они старались обогнать его аргамака и загородить дорогу, но Кучюм точно просыпался и мчался вперёд, как бешеный. Только в виду Наоболака отстала от него эта немая свита, и хан Кучюм вдруг опустился в седле и изнемог. Лучше бы не видели его старые глаза этого проклятого дня, когда казаки овладели его сердцем — Искером...

—Хан Кучюм, мы приехали... — говорил Чин-мурза, ехавший за ним вместе с Хан-Сеидом.

Спешились мурзы и сняли шапки, ожидая, когда сойдёт с седла хан, а он всё сидел и смотрел кругом, точно не понимал, куда они приехали. Женщины не смели плакать, задыхаясь от горя. Когда к ханскому седлу подошла Лелипак-Каныш, Кучюм опомнился.

—Где Симбула? — спросил он. — Я не вижу Симбулы...

—Она в кибитке, хан.

—Лучше бы ей никогда не выходить из кибитки, чтобы не слышать о смерти брата, мурзы Булата... Много их там легло в Искере, и только недостаёт моей седой головы.

Кучюм заперся в своей кибитке с Хан-Сеидом и всю ночь не сомкнул глаз. Он то плакал, то жаловался, то просил Хан-Сеида убить его, старого хана Кучюма, не умевшего отстоять своего сердца — Искера. Хан-Сеид слушал его молча, а потом громко молился. Хан дико смотрел на него и всё прислушивался к тому, что делается в стойбище — ни в одной кибитке не спали, потому что все или ухаживали за ранеными, или оплакивали убитых. Земля гудела, как живая: это всё бежали со стороны Искера — кто пеший, кто конный, и всё привозили новых раненых. Чин-мурза распорядился, чтобы женщины не смели громко плакать и тем наводить уныние на живых, но Кучюм послал сказать:

—Пусть женщины плачут...

Дрогнула даже степь от жалобных криков горевавших женщин... Они рвали на себе волосы, царапали до крови лица и падали на землю, отнявшую у них отцов, братьев, мужей и сыновей. Убивалась и плакала ханша Симбула, которую водили под руки; плакали жёны мурз и простые татарки — горе сравняло всех, как траву в степи равняет острая коса.

V

Три женщины мучились в родах: схватилась одна за землю — от неё произошли китайцы, другая схватилась за дерево — родились русские, за конскую гриву схватилась третья — и все ездящие на коне считают её своей матерью. От волка зачала эта третья, и волчья кровь осталась в степи. Поэтому не боится сердце джигита ни волчьих глаз, ни волчьего воя, а в буран оно веселится, как на празднике. У первой матери смирные дети — не любят войны, у второй матери — дети бьют только чужих и чужое любят больше своего, а дети третьей матери страшны для всех — не растёт трава, где они пройдут. Мир принадлежит им, ездящим на коне... Но волчья кровь не знает покоя: когда нет войны с чужими — бьются свои. Горько оплакивала эта третья мать и раненых, и убитых, и взятых в плен. Она всё была дома, в своей кибитке, а кровавое горе ходило бураном по степи из конца в конец.

Так было и теперь... Чужая беда радуется в Искере, а своя беда собирается в степи, — молодой хан Сейдяк вышел из Бухары, молодой хан Сейдяк хочет докончить то, что оставалось ещё от казаков. Поднялась опять кость Тайбуги, и крепко задумались самые храбрые мурзы старого хана Кучюма.

— О, пророк, да благословит бог Сеида и да приветствует! — говорит хан Кучюм Хан-Сеиду, — ты пришёл ко мне из Ургенджа, тебя послал бухарский хан Абдулла-хан... Зачем Абдулла-хан выпустил из Бухары молодого Сейдяка? Вместо одного врага, у меня теперь два... Это казакам на радость, когда две кости схватятся в степи.

—Бог велик, хан Кучюм, а будущее неизвестно,—отвечал Хан-Сеид.—Вот ты жалуешься как женщина, которая умеет только прясть шерсть... Делай то, что делал: ты стоишь впереди всех. Не бойся ни молодого Сейдяка, ни ногайской орды—у каждого своя дорога. Не всё ли равно: одна или две беды...

Опять ударили большие бубны, и собрались около Кучюма все большие люди—князьки, мурзы, батыри; ударили малые бубны, и сбежались к Кучюму все, кто мог ездить на коне. Двойная беда удвоила силы старого хана; он даже забыл о красивых глазах Сайхан-Доланьгэ, которая больше не пела своих песен. Боевая стрела как молния, облетела самые дальние улусы и стойбища. вызывая всех в поле. Убьют казаки десять человек, а на их место выходят новых десять, как весенняя трава сменяет прошлогоднюю.

Долго не уходит степная зима; новый снег засыпает весенние проталины, а тронувшаяся днём вода застывает ночью. Но уже летят птицы с тёплого моря, заиграли речные верховья, и зелёным бархатом одела первая весенняя трава речные берега. Да, птицы летят к оставленным гнёздам, на знакомые стойбища, и по небу вместе с ними несётся весёлый крик. Только хан Кучюм не вернётся больше на старое гнездо, на высокий берег Иртыша, где красуется Искер. и его сердце стонет, как выбившаяся из сил перелётная птица.

—Кто померяется силой с Ермаком?—спрашивает хан Кучюм.

Мурзы, князьки и батыри только переглядывались, а отвечал один батырь Махметкул, только что оправившийся после тяжёлых ран:

—Я убью Ермака, хан Кучюм... Только бы мне выманить его из Искера в чистое поле.

—У тебя храброе сердце Махметкул,—отвечает хан Кучюм,—но Ермак старше тебя, а когда старый коршун спит сытый на высоком дереве, коршунята ещё голодают...

Обидное слово только разожгло ещё больше Махметкула, а на старого хана сердиться не стоило. Два светлых глаза посылали батыря туда, откуда немногие возвращаются.

—Я выйду замуж за того, кто убьёт Ермака,—говорила Сайхан-Доланьгэ.—Убьёт старый человек—он помолодеет со мной, убьёт молодой—будем радоваться. Храбрейшему из храбрых моя красота будет наградой...

Махметкул уже наперёд видел красавицу своей, потому что кто же храбрее его от студёного моря до тёплого? Только столетний шаман Кукджу качал своей головой: девичьи слова, как зелёные листья на дереве—сегодня выросли, завтра опали, а Ермака не возьмёт ни сабля, ни стрела. В железо заковано его сердце...

Как молодой лев один выходит по ночам на добычу, так отделился от остального татарского войска батырь Махметкул. Он ушёл на реку Вагай с небольшим отрядом и там хотел выждать Ермака. Развеселилась и ты, маленькая речка Вагай, разлилась от весенней воды и вышла из берегов, а каждая твоя капля тянулась к большому Иртышу, как маленькое горе к большому. Мутна вода в Вагае, хитрые мысли в голове старого атамана Ермака, который засел в Искере, как травленный зверь. В тёмную ночь это было, как накрыли казаки на Вагае татарскую славу. Горько застонала старая Кюн-Арыг, когда узнала о всём случившемся на Вагае. По стойбищам, улусам, зимовьям и аулам стрелой разнеслась печальная весть, но женщины не будут петь славу Махметкула... Лучше было Махметкулу умереть у бабасанских юрт или под Искером, а не попадать живому в руки казаков. Утонула слава батыря Махметкула в далёкой Москве.

—Для чего я мучилась, когда родила Махметкула?—повторяла неутешная Кюн-Арыг. обезумевшая от горя.—Для чего я плакала целые дни и ночи, когда он волком ходил за Камень?

Зачем я лечила его глубокие раны, от которых ему лучше было бы умереть у меня на руках?

Вместе с неутешной матерью плакали все другие женщины, — всем им было жаль Махметкула, как свою кровь.

— Я его считала своим сыном, — говорила Лелипак-Каныш, ухаживавшая за Кюн-Арыг, как сестра. — Твоё горе — моё горе, Кюн-Арыг. Вот и Лейле-Каныш убивается, как не плакала о родных братьях, и Сайхан-Доланьгэ... Мы, старухи, теряем только сыновей, а наши девушки теряют всё.

Кюн-Арыг не понимала ласковых слов Лелипак-Каныш. Она походила на старое большое дерево, разбитое грозой: ещё остались ветви с зелёными листьями, но нет в нём больше жизни. Она даже не плакала, как другие женщины, а только стонала. Мужчинам было стыдно слушать эти стоны, особенно когда Кюн-Арыг начинала упрекать.

— Один был храбрый из батырей — и вот он в позорном плену! — кричала старуха, бегая по стойбищу с распущенными волосами. — Кто же защитит его? Кто выручит из неволи?.. О, будьте вы все прокляты, те трусы, которые продали моего сына... Я сама пойду к атаману Ермаку и скажу: "это я, мать Махметкула, пришла к тебе... В степи нет храбрых, а только робкие женщины. Отдай мне сына, отдай Махметкула... Если бы я была богата, я заплатила бы тебе золотом; если бы я была молода — своей красотой; а теперь я старуха и могу только плакать".

Обидно было слушать эти горькие слова всем, но никто не решился унять обезумевшую от горя Кюн-Арыг. Хмурится старый хан Кучюм: слова старухи впивались в его сердце как стрелы; хмурятся старые мурзы и батыри, и думает за всех один Карача, у которого в голове мысли бегали, как лисицы в норе, когда их подкуривают дымом. Старый Карача знал, что Ермак не будет держать Махметкула в Искере, а отправит поскорее в Москву, — слишком дорогую добычу не держат дома. Так оно и вышло: Махметкула увели в московскую неволю по той дороге, по которой он ещё недавно ходил весенней грозой за Камень. Затихла степь, затих Искер. Обе стороны собирались с силами, чтобы продолжать войну. Ермак ждал атамана Кольцо, посланного в Москву с повинной к белому царю. Только осенью вернулся Кольцо и привёз милостивое царское слово казакам, а Ермаку—шубу с царского плеча да тяжёлую кольчугу. Веселится Ермак в Искере, веселятся с ним все казаки, а беда уже пришла к самому Искеру, пришла с покорным словом и ласково смотрит прямо в глаза. Говорит Ермаку посол мурзы Карачи:

—Было царство сибирское и владел им хан Кучюм, а теперь владеет Белый царь. Не стало силы в степи, изнемогли татары, а наши враги-ногаи разоряют наши степные аулы. Возьми нас, Ермак, под свою защиту и пришли казаков, чтобы побили ногаев. Мы честно бились, а ногаи—разбойники, которые грабят убитых или беззащитных женщин.

Не обманул бы мурза Карача хитрым словом, но ослепила Ермака покорность. Поверил он беде Карачи и послал ему на выручку своего лучшего атамана Кольцо с казаками; сам послал, чтобы больше не видеть его. Как весной оплакивал хан Кучюм своего лучшего батыря Махметкула, так осенью Ермак заплакал по лучшем своём атамане, попавшем в хитрую западню. Нет жалости в сердце Карачи, и зарезал он Кольцо и всех посланных с ним казаков, а голову атамана послал неутешной Кюн-Арыг.

VI

Чёрной тучей облегла беда со всех сторон сибирского хана Кучюма: он потерял ханство, столицу Искер, двух сыновей, и последний свет из глаз выкатился у хана Кучюма.

118

—Глаза не будут больше тебя обманывать и не будут искать новых красавиц, —корит его ханша Лелипак-Каныш. —Услышал Бог мои старые слёзы...

Ничего не мог ответить жене старый хан, да и что мог сказать человек, которого водили под руки? Но чем больше была беда, тем сильнее становился старый хан Кучюм: и слепой он нагонял страх на казаков и ногаев с Сейдяком. Оставались у него ещё мурзы и советники, которые исполняли ханские слова. Своими слепыми глазами он видел тайные замыслы своих лучших советников и молчал. Первый захотел изменить ему мурза Карача, убивший двух казацких атаманов. Счастье отуманило голову старого мурзы, и он замыслил один взять Искер. Набрал он бродивших по степи татар из разорённых улусов, пригласил киргизов и ногаев и с этой силой обложил Искер. Мало казаков в Искере, а помощь далеко, —этим и хотел воспользоваться хитрый мурза. Главный стан у Карачи был под Сауксаном, и весной он запер Ермака в Искере, как медведя в каменной берлоге. Мало казаков, и нельзя им выйти из города, а Карача захватил все дороги и хвастается: "голодом заморю московских батырей... Сами придут с повинной ко мне в Сауксан".

Месяц стоит мурза Карача под Искером, стоит второй, и третий стоит, а всё держатся казаки. Посылает Кучюм сказать мурзе Караче, чтобы не тратил напрасно времени и поберёг татарскую силу, но далеко зашёл старый Карача, чтобы идти ему с повинной к хану Кучюму. Тесно им двоим в степи... Нет пощады у хана Кучюма, нет пощады и у мурзы Карачи. Пусть пока хан Кучюм воюет с ногаями, а мурза Карача успеет в это время отнять у казаков Искер. Хан Кучюм стар и слеп; сын Едигера, хан Сейдяк, ещё молод, а мурза Карача сам будет сибирским ханом. Так думал мурза Карача, сидя в Сауксане, а Ермак отсиживался в Искере. Хитрее Ермак хитрого татарского мурзы и ждёт только тёмной летней ночи... Два атамана остались у Ермака: Мещеряк да Брязга, как два глаза. Когда наступила тёмная ночь, тихо вышли казаки из Искера, прокрались в татарский стан и начали жестокую сечу. Это был атаман Мещеряк, а сам Ермак оставался в Искере. Сонные татары не узнавали друг друга и бросились бежать. Напрасно сам Карача с двумя своими сыновьями бросился вперёд на казаков—татары бежали, как зайцы. Бежал и сам мурза Карача, оставив сыновей убитыми под Искером.

Как бешеный, несётся в степи мурза Карача, и всё ему кажется, что за ним погоня. Слезет с коня, припадёт ухом к земле, а под землёй—глухой стон и конский топот... Опять летит Карача, опять прислушивается: тот же топот и тот же стон, и с каждым разом всё ближе и ближе. Нет спасенья старому Караче, если вовремя не доберётся он до ногаев. Молодой хан Сейдяк примет его с радостью, а старый хан Кучюм зарежет как старую собаку. Нет конца-края степи, и загнал Карача уже двух лошадей,—осталась последняя, третья, и, если она не вынесет,—пропало всё. Мурза Карача чувствует, что и голова как будто уж не его и готова сама отделиться от туловища. Был день или стояла ночь—мурза не различал. Два дня и две ночи несётся он в степи. Третья лошадь стала задыхаться—это пришёл конец хитрому Караче. Но всё-таки едет он всё вперёд и видит: точно из под земли вырос перед ним всадник. Ближе— всадник больше и машет ему копьём. Это сторожевой Кучюма, поставленный ловить его. Пригнулся Карача к седлу, вытянул пику и понёсся вперёд на всадника: всё равно умирать... Но что это значит: всадник бросил своё копьё на землю и спокойно ждёт его. Приостановил своего скакуна мурза Карача и узнал самого Хан-Сеида. Да, это был он, святой старик, с своей белой бородой.

—Куда ты бежишь, Карача?—говорит Хан-Сеид.—Остановись... Ты налетишь на Кучюма и несдобровать твоей голове.

Опустились руки у Карачи: он ехал к ногаям, а попал на Кучюма. Обманули его свои собственные глаза, обманула неоглядная степь... Слезает Карача с коня, бросает свою пику на землю и говорит:

—Некуда мне больше бежать, Хан-Сеид... Веди меня к Кучюму, пусть он снимет с меня голову: не нужна она мне.

—У хана Кучюма такое же безжалостное сердце, как и у тебя,— говорит Хан-Сеид.—Ты—кремень, он—сталь, а когда ударят сталь о кремень, то полетят искры...

Не слушает ничего мурза Карача, а пал на землю и говорит:

—Дети мои, дети... где мои сыновья? Хан-Сеид, два сына были у меня, а теперь я один... Один я, Хан-Сеид, и пусть хан Кучюм лучше зарежет меня, как барана.

—Так было нужно, мурза Карача, кость Тайбуги,—отвечал с печалью Хан-Сеид.—Но ты забыл о дочери, забыл о красавице Сайхан-Доланьгэ...

Засмеялся мурза Карача... Что он будет делать с красавицей дочерью, когда у него ничего нет?.. Первый встречный возьмёт его дочь, красавицу Сайхан-Доланьгэ, уведёт пленницей в Бухару и продаст Абдулле-хану в невольницы,—вот что значит дочь... Слепой Кучюм уж не думает о красавицах, а батырь Махметкул в московской неволе,—для чего ему Сайхан-Доланьгэ?.. Трава в поле—вот что такое дочь; вешний лёд на реке—вот что такое дочь. Было у него два сына, а теперь он один, как старый пень в лесу! Лежит мурза Карача на земле, лежит и громко стонет, как слабая женщина, как ребёнок, потерявший мать.

—Ты забыл, что твоя Сайхан-Доланьгэ в руках Кучюма,— говорил Хан-Сеид.—Она теперь его пленница...

—Моя дочь? Ты говоришь о Кучюме, который для неё забыл свою седую бороду?.. Что же, пусть берёт её силой. Я ему давно это говорил. Но хан добивается того, чего нельзя сделать против желания: Сайхан никогда не полюбит его. Да и смешно думать об этом дряхлому и слепому старику...

—Ты ничего не понимаешь, мурза!

—Убей меня, Хан-Сеид—мне некуда идти... Не всё ли равно, кто меня зарежет: хан Кучюм или ногай.

Ночью провёл Хан-Сеид упавшего духом Карачу в стан Кучюма и спрятал в кибитке Сайхан-Доланьгэ.

—Пока сиди здесь, а там увидим...—сказал Хан-Сеид.

С удивлением смотрел кругом мурза Карача: и сам он ещё жив, и сидит в кибитке своей дочери Сайхан-Доланьгэ. Впрочем, у него только и оставалось на свете, что светлые глаза этой красавицы, а всё остальное точно развеяно по ветру.

VII

Старая ханша Лелипак-Каныш попрекает слепого хана Кучюма:

—Что ты всё лежишь, Кучюм, и нейдешь проведать любимого своего мурзу и советника Карачу: он всегда обманывал тебя как твои несытые глаза... Карача выискивал тебе новых наложниц, он тебе доставил и красавицу Симбулу, и другую красавицу Сузгэ, и готовил тебе третью, свою родную дочь. Иди утешь своего верного слугу, который хотел вместо тебя сесть ханом в Искере... Иди утешь Сайхан-Доланьгэ, которая всё ещё не может оплакать уведённого в плен Махметкула. Все тебя покинут, хан Кучюм, и останусь около тебя одна я, как застарелая болезнь, как вторая твоя слепота... Что же ты молчишь, хан Кучюм?

—Ты говоришь правду, Лелипак-Каныш,—отвечал хан Кучюм, качая головой.—Твой язык как степная колючая трава колет мои слепые глаза. Мне было бы легче, если бы ты говорила неправду.

—Бог тебя наказал за мои слёзы, хан Кучюм... Да разве я одна плакала от твоей железной руки? Сколько матерей осиротил ты, сколько молодых женщин осталось вдовами; и старики, и дети проклинают твоё имя, которое носилось по степи как ядовитая зараза... Я тебя проклинаю, хан Кучюм; проклинаю за свою материнскую кровь, за Арслан-султана, которого ты послал в московскую неволю, за двух других сыновей, убитых под Искером.

Молчит хан Кучюм, трясётся его седая голова, а слепые глаза не видят старой ханши, которая в неистовстве поносит мужа всякими худыми словами. И земля, и небо закрыты для старого хана Кучюма, а осталось одно чёрное горе...

Старики не слыхали, как в кибитку вошёл Хан-Сеид и был свидетелем ссоры. Он выслушал всё, опустив свои святые глаза, а потом взял слепого хана Кучюма за руку и вывел из кибитки. Старая ханша сидела на земле и, припав седой головой к коленям, горько плакала. В кибитку опять вошёл Хан-Сеид и сказал:

—Лелипак-Каныш, дочь Шигай, я всё слышал. Слышал и то, чего не сказал твой язык, и скажу тебе то, что чует твоё материнское сердце.

Но, прежде чем говорить, Хан-Сеид опять замолчал, чтобы старая ханша вперёд выплакала своё горе. Пока она плакала и жаловалась, святой старик молился, подняв руки к верху. Много женщин плакало по татарским улусам, стойбищам и аулам, и всем им было тяжело.

—Я слушаю, Хан-Сеид,—говорила Лелипак-Каныш, не вытирая катившихся по сморщенному лицу слёз.

—Слушай, дочь Шигай-хана... Не я тебе говорю, а говорит пророк. Томится в неволе твой сын Арслан-султан, а другая неволя уже готова Абдул-Хаиру. Так нужно, Лелипак-Каныш! Ты стоишь впереди всех, и твоё горе бежит впереди всех. Два сына у тебя убито под Искером, будет твой последний сын, красавец Алей, ханом в Искере, но ты будешь оплакивать его голову. Старый хан Кучюм будет счастлив, что не увидит своими слепыми глазами последнего горя... Три сына убитых, два в неволе, а ты стара, Лелипак-Каныш, и твоё сердце затворилось давно. Ты, дочь Шигай-хана, как великая река Обь, покрытая льдом. Вот, что я скажу тебе ханша, потому что так нужно... Гордилась ты своими пятью сыновьями, а останется одно твоё старое горе, и твоё сердце заплачет кровавыми слезами. Да, заплачет мать, а ханша будет радоваться: великая радость умереть за родину... Такая кровь пролилась за святое дело. Вот что я тебе говорю, дочь Шигай-хана, и укрепится твоё сердце до конца: оно крепче Искера. Твоя весна улетела, и твои глаза не увидят новых сыновей, а хан Кучюм останется без племени. Кто будет продолжать его волчью кость? Когда Кучюм умрёт, кто выйдет в поле против врагов? Слушай, дочь Шигай-хана: ты смеялась над красавицей Сайхан-Доланьгэ, а теперь пойдёшь к ней и попросишь—заменить её красотой твою старость. Разгорится сердце хана Кучюма и продолжится его волчья кость... Оставь свою гордость, Лелипак-Каныш: ты стоишь впереди всех, и твоё горе бежит впереди всех.

Пала на землю ханша Лелипак-Каныш, как подрубленное дерево, и долго лежала она как мёртвая, а святой старик опять молился, подняв руки к верху. Наступила ночь, когда она очнулась и сказала:

—Хан-Сеид, ты здесь? Веди меня к Сайхан-Доланьгэ... Я хочу её видеть.

Собрала последние силы старая ханша и пошла за Хан-Сеидом. Встречавшиеся давали им дорогу, а у кибитки Сайхан-Доланьгэ встретил их старый шаман Кукджу и шаманка Найдык. Побледнела красавица Сайхан-Доланьгэ, когда к ней в кибитку вошла старая ханша Лелипак-Каныш и посмотрела на неё заплаканными глазами.

—Здравствуй, Сайхан-Доланьгэ, —сказала ханша. —Видишь, я пришла к тебе... Пусть мужчины уйдут, я хочу говорить с тобой.

Ещё сильнее побледнела Сайхан-Доланьгэ, когда они остались в кибитке вдвоём. Долго молчала Лелипак-Каныш и всё смотрела на Сайхан-Доланьгэ.

—Что ты так смотришь на меня, ханша? —спросила смущённая Сайхан-Доланьгэ. —Я боюсь тебя.

—Любуюсь твоей красотой, Сайхан-Доланьгэ; любуюсь твоей молодостью и точно вижу себя, когда я была молода и красива. Себя я вижу в тебе, красавица! Раньше я ненавидела тебя, когда хан Кучюм ездил веселиться на Карача-Куль; раньше я желала тебе всякого зла и радовалась, когда твоё сердце заплакало о батыре Махметкуле. Да, всё это было, а теперь гордая, старая ханша пришла сама к красавице Сайхан-Доланьгэ. Тебя ненавидела жена хана Кучюма, а старая бездетная ханша пришла со слезами просить —заменить её старость.

Побледнела Сайхан-Доланьгэ как сорванный цветок, а Лелипак-Каныш всё говорила, говорила то, что ей сказал святой Хан-Сеид.

—Лучше мне умереть... —шептала Сайхан-Доланьгэ, закрывая свои бархатные глаза. —Я никогда не любила старого хана Кучюма, а слепого старика ненавижу! Это падаль, которую не будет есть даже собаки... Я ненавижу и тебя, Лелипак-Каныш! Ты как холодная змея заползла в мою кибитку!.. Не достанется никому моя красота, так скажи и Хану-Сеиду. Не хочу я даже видеть слепого старика и лучше умру девушкой.

Степная ночь раскинулась синим, расшитым золотом шатром над стойбищем хана Кучюма. Громко рыдает в своей кибитке Сайхан-Доланьгэ, а у входа в кибитку стоят Хан-Сеид и шаман Кукджу. Старики долго шепчутся и ждут, когда выйдет Найдык и скажет, что можно видеть Сайхан-Доланьгэ. Плывёт по небу молодой месяц, где-то далеко кричит ночная птица, а Сайхан-Доланьгэ всё плачет... Вышла и Найдык и поманила рукой Кукджу, — две тени вошли в кибитку. Столетний Кукджу наклонился над красавицей Сайхан-Доланьгэ и шепчет ей:

— Смотри на меня, красавица, пристально смотри и увидишь великое чудо.

Страшно стало Сайхан-Доланьгэ, но она не может оторвать своих бархатных глаз от лица Кукджу. Ах, какое старое-старое это лицо, покрытое такими глубокими морщинами, точно земля, растрескавшаяся в засуху. Заросло оно всё волосами, как жёлтым мхом, и только светятся одни глаза. Смотрит Сайхан-Доланьгэ, и смотрит на неё Кукджу, а синие губы шамана беззвучно шевелятся — он шепчет свои заклинания. Чувствует Сайхан-Доланьгэ, что ей легче и что горе неслышно отлетело от неё. Всё шепчет Кукджу и ещё пристальнее смотрит на красавицу, а Сайхан-Доланьгэ видит себя уже матерью. Два ребёнка сына смотрят в неё глазами хана Кучюма. И страшно, и хорошо делается Сайхан-Доланьгэ, и чувствует она, что любит старого хана, любит в своих детях, в которых проснулась кость старого хана Ибака.

— Мне хорошо, — шепчет Сайхан-Доланьгэ и не может очнуться от чудного сна.

А старый шаман Кукджу всё шепчет и протягивает свои костлявые, узловатые руки над головой Сайхан-Доланьгэ, точно столетнее дерево простирает свои ветви над молодой зелёной травкой.

— Ты полюбишь старого хана Кучюма, как не любила бы никогда десять лучших батырей, — шепчет Кукджу. — Смотри, что будет дальше...

Степь. Трава точно вспрыснута драгоценными камнями. Вольная степная птица серебром развивается в воздухе. По степи медленно двигается разбившееся кучками татарское войско, а там вдали пылают русские сёла и столбы дыма показывают кровавый след уходящего войска. Много русских пленников ведут татарские батыря; от богатой добычи не могут идти кони, а впереди всех едет старик с бубном и громко поёт славу старого хана Кучюма и его молодых сыновей-Кучюмовичей. Бьёт в бубен старик и поёт про молодую ханшу Сайхан-Доланьгэ, красота которой цветёт в её сыновьях, и о которой поют в святой Бухаре, как о лучшей степной звезде, осветившей очи старого хана Кучюма. Проснулась кость хана Ибака, как зерно, брошенное осенью в сырую землю...

Видит свой сон Сайхан-Доланьгэ, сладко дышит её молодая грудь, и не может она проснуться, а Хан-Сеид вводит в палатку слепого хана Кучюма, который руками ищет потерянную глазами красоту.

—Я тебя люблю, Кучюм...—шепчет Сайхан-Доланьгэ, просыпаясь.

VIII

Степью идёт молодой хан Сейдяк, сын Едигера; за ним несётся свежее ногайское войско,—в высоких сёдлах скачут ногаи, союзники Сейдяка, машут длинными копьями, и жаждут добычи. Пройдёт в степи тысяча ногаев, а след как от десяти всадников,—так ездят ногаи, заклятые враги слепого хана Кучюма, точно волчья стая. Молодым орлом несётся хан Сейдяк, хочет он нагнать слепого хана Кучюма и отмстить ему за смерть отца и дяди. Вместе с жизнью отнимет Сейдяк и все награбленные Кучюмом сокровища, и ханских жён,—и уведёт в неволю, как простую пленницу, ханскую дочь, красавицу Лейле-Каныш. Зорки глаза у ногаев как у ястребов, волчье чутьё у них, а слепой хан Кучюм хитрее их: он то впереди их, то позади. Не свою седую голову бережёт старый хан Кучюм, а молодое сокровище—Сайхан-Доланьгэ.

Горе тёмным лесом обступило Кучюма, а его сердце радуется— и днём радуется, и ночью радуется. Пока хан Сейдяк гонялся за ним по степи, старый Кучюм подступал уже к Искеру. Немного войска оставалось с Кучюмом, а того меньше засело в Искере казаков. Посылает хан Кучюм разведчиков каждую ночь и ждёт своей добычи. Матёрый атаман Ермак не знает, кого ему больше бояться—старого хана Кучюма или молодого Сейдяка. Мало казаков в Искере, перебиты атаманы, остаётся атаман сам-друг с Мещеряком. Засели два атамана в Искере как два глаза во лбу и зорко смотрят на немирную татарскую сторону, где, как ветер по степи, гуляет чужая беда.

—Нужно выманить московского медведя из берлоги,—говорит мурза Карача хану Кучюму.—Не взять его нам в Искере.

—Вымани, если умеешь,—отвечает слепой Кучюм.—Ты умеешь обманывать... Ты у меня в долгу, Карача.

Проглотил старый Карача эту обиду и крепко задумался. Под Искером у него казаки убили двух сыновей, а сам он бежал тогда от Ермака, как заяц. Нужно смыть свой позор, а то стыдно смотреть в глаза Сайхан-Доланьгэ. Молодая ханша не должна стыдиться своего отца. Обманул старый Карача атамана Кольцо, обманет и Ермака. Тогда он просил у Ермака защиты против ногаев, а теперь надо просить защиты от хана Кучюма. Сидит атаман Ермак в Искере, а смерть сама пришла к нему и говорит:

—Нет тебя храбрее, атаман Ермак... Защити нас, бухарских купцов от слепого хана Кучюма, который не пропускает наш караван с дорогими товарами. Мы идём в Искер...

Бухарским купцом нарядился мурза Карача и бесстрашно пришёл к Ермаку в Искер. Сгорбился хитрый мурза, и не узнал его атаман Ермак. Отуманил железную казацкую голову мурза Карача сладким ядом своих хитрых слов.

—А где ваш караван?—спрашивал Ермак, рассчитывая, что лучше сам ограбит его.

—На Иртыше стоит караван, недалеко от Вагая...

Задумался Ермак при одном имени Вагая,—унесла эта река у него двух лучших атаманов.

—Ты меня обманываешь!—закричал Ермак.—Меня уж раз обманул проклятый Карача, когда просил помощи против ногаев... И ты тоже зовёшь меня на Вагай, где убит Кольцо! Я велю тебя повесить...

—Мне всё равно, кто меня ни повесит: ты или хан Кучюм,—отвечал неустрашимый мурза Карача.—Если уж ты боишься Карачи, так мне нечего бояться смерти...

—Хорошо, я тебе доставлю удовольствие: если ты меня обманываешь, то я тебя повешу рядом с проклятым Карачей...

Собрался в поход сам Ермак, а мурза Карача ведёт его к своим в засаду. Вместе они едят и пьют, вместе спят, а мысли разные. Стережёт Ермак бухарского купца, как свой глаз, и не знает, что это его смерть. Так они пришли к устью Вагая, и выкинул ночью Ермак стан на острове. Бурлит Иртыш от осенних дождей, пенится вода в Вагае, а мурза Карача ждёт своего часа. Устали казаки, полегли спать,—не спит один мурза Карача. Как змея, выполз он с острова, рыбой переплыл через реку, а на берегу уже ждут его улусники и батыри.

—Теперь можно,—сказал Карача.—Я привёл вам Ермака.

Шумит Иртыш, пенится Вагай, крепко спят казаки, а через реку на остров в брод переходят татары. Ведёт их сам мурза Карача, бесстрашный старик. Темно на острове как в могиле, а татарские сабли нашли казацкие головы и напились горячей казацкой крови досыта. Обезумели спросонья казаки, когда началась сеча, а Ермак один рубит татар... Впереди всех бьётся казацкий атаман, и валятся кругом него татары; мало казаков и никто не откликается на атаманский голос — одни лежат мёртвые, другие бросились в воду и утонули. К самому берегу прижали татары казацкого атамана, но он не сдался им живым, а бросился в Иртыш, как был, в кованой железной московской кольчуге, которую ему послал из Москвы царь в подарок. Тяжела была царская милость вольному казацкому атаману, и пошёл он ко дну как брошенный в воду дорогой камень. Утонул в Иртыше атаман Ермак; казаки все были перебиты, и только один вернулся в Искер, чтобы передать страшную весть. Три дня и три ночи татары искали утонувшего Ермака в Иртыше и боялись радоваться. Не верил слепой Кучюм, что погиб его заклятый враг. Только на четвёртый день Иртыш отдал тело казацкого атамана, и заплакали слепые глаза хана Кучюма от радости. Три дня и три ночи веселились татары около мёртвого Ермака... Женщины приходили издалека, чтобы на мёртвом выместить смерть своих близких. Один Карача сидел печальный и не радовался: мёртвый Ермак не воротил ему убитых под Искером сыновей. Седая голова давила уже плечи старого мурзы. Когда хан Кучюм хотел его наградить, Карача ответил:

— Не нужно мне награды, хан Кучюм... Пусть радуется за меня Сайхан-Доланьгэ. Ей теперь не будет стыдно за отца...

И Сайхан-Доланьгэ радовалась, позванивая ханским золотом. Она любила своего слепого старого волка, а хан Кучюм нашёл в ней потерянный из глаз свет. Когда татары радовались смерти Ермака, столетний шаман Кукджу молчал и только качал головой: не татары и не хан Кучюм победили атамана, а победил его Иртыш, буйный сын святой Оби.

— Сердится Иртыш, — бормотал Кукджу, — много крови пролито в Иртыш...

Слушала старика одна шаманка Найдык, которая по-прежнему оставалась при красавице Сайхан-Доланьгэ.

Взять Искер, после смерти Ермака, ничего не стоило, — казаки

130

ушли за Камень, откуда пришли. Великая была радость, когда татары вступили в родной Искер, и только один хан Кучюм не мог видеть своими слепыми глазами того, что потерял зрячим. Слава о хане Кучюме пронеслась по всей степи, а из Ургенджа уже идут послы от сеида Али-Ходжи: они везут богатые дары красавице Лейле-Каныш.

—Берите её, если она вам нравится,—сказал старый хан Кучюм послам.—Одна у меня дочь... Так и скажите сеиду Али-Ходже.

По царски снарядили красавицу Лейле-Каныш, а провожать её в Ургендж отправилась сама Лелипак-Каныш: ханской кости Лейле-Каныш, и нельзя её отправить в Ургендж одну как привозят невольниц. Тяжело расставаться старой ханше с Искером, где она видела свои короткие радости, но не разделить сердце надвое, а о сыновьях она уже довольно плакала. Два сына оставались у неё: красавец Алей и Абдул-Хаир, и оба желали провожать мать и сестру в Ургендж, но старый хан Кучюм сказал красавцу Алею:

—Ты останешься в Искере, а я пойду в степь навстречу Сейдяку... Ты ещё молод, а ноги хитры. Береги пока Искер, а я провожу Лейле-Каныш... Далеко Ургендж, чужие люди в Ургендже, а у меня одна дочь.

Тяжело было расставаться старому хану Кучюму не с дочерью, а с старой ханшей Лелипак-Каныш, которая уходила от него навсегда. Много раз и напрасно обижал хан старую ханшу, и теперь мучила его совесть. Ушёл старый хан Кучюм в степь, а красавец Алей заперся в Искере. Лучшее войско ушло с ханом Кучюмом, а ногаи только этого и ждали: в одну ночь обложили они Искер, как выпадает осенний снег.

Страшное дело началось, хуже того, когда сидели в Искере казаки: с обеих сторон полилась своя татарская кровь, а свой враг не знает пощады!.. Далеко ушёл в степь слепой хан Кучюм, не чует его волчье сердце неминучей беды, которая облегла Искер. Побледнел Алей, когда смерть прилетела к нему на конце тонкой ногайской стрелы и впилась в молодое сердце. Бежали татары, заняли Искер ногаи с Сейдяком, а слепой Кучюм ищет их далеко в степи...

IX

Молодой месяц на небе, молодой хан Сейдяк в Искере, а в степи, как зимний буран, ходит слепой хан Кучюм с своими мурзами, советниками и жёнами. Двух сыновей хана Кучюма убил атаман Ермак; красавца Алея убил хан Сейдяк; четвёртый сын Арслан-султан в московской неволе,—оставался пятый, последний сын Абдул-Хаир как зеница ока, да три молодых жены, все три красавицы. Всех их любит старый хан, а всех больше самую младшую Сайхан-Доланьгэ, как свою молодость, как потерянный свет своих ханских глаз. Побиты два сына у мурзы Карачи, отведён в полон богатырь Махметкул, а ещё много силы у слепого хана Кучюма—целое орлиное гнездо он водит с собой по степи.

—Погоди, хан, не трогай сейчас Сейдяка,—советовал мурза Карача слепому хану Кучюму.—Войной с ногаями мы не вернём убитого Алея, а придут казаки и Сейдяк не рад будет, что забрался в Искер... Зачем нам проливать кровь напрасно?

Предсказания мурзы Карачи всегда сбывались как худые сны,—хитрый старик отлично видел чужие глупости и только не знал о своей голове, что её ждёт впереди. Сказал мурза Карача своё слово хану Кучюму, а на Тавде уже показались казаки. Шли московские воеводы, а дорогу показывал последний из ермаковых атаманов—Мещеряк. Широкая эта была дорога, по которой хаживал за Камень батырь Махметкул, а потом пришёл Ермак; холодной слезой пролилась она с Камня по дремучим лесам в зелёную степь и необъятное сибирское

132

приволье. Плывут воеводы уже к Иртышу, а молодой Сейдяк окапывается в Искере как забравшийся в широкую барсучью нору крот. Идёт московская беда на ногаев, радуется волчье сердце Кучюма... Радуется это сердце и плачет за напрасную кровь, которая пролита в междоусобной войне между татарами. Дети одной матери-степи враждуют и отдают её на поругание врагу. Но нет примирения между костью Тайбуги и костью Ибака как между волком и собакой, и только кровь их льётся вместе... Так думал слепой хан Кучюм, сын Муртазы, внук Ибака, и кровавыми слезами кипело его ханское сердце. Закрылся тучами месяц на небе, облегли казаки высокий Искер, а старый атаман Мещеряк рыщет кругом как поднятый из берлоги медведь. Не боятся ногаи московских воевод, а Мещеряка, в котором нет жалости. Выходит и заходит над Искером солнце, шумит и стонет Иртыш, поют ногайские стрелы, а Кучюм стоит в степи у озера Чили-Куль и ждёт, когда казаки выгонят из Искера молодого хана Сейдяка. Недаром мучилась в родах Тэс-Удуль, жена убитого Кучюмом хана Едигера: храбро отбивается молодой Сейдяк от наступающего врага... Но плохое счастье у молодого хана Сейдяка, — он как волчонок, попавший лапой в капкан, не рад и своей молодой храбрости. Даже святой Хан-Сеид пожалел храброго Сейдяка и сказал хану Кучюму:

—Хан Кучюм, помоги Сейдяку... Ты ударишь на московских воевод с тылу, а Сейдяк выйдет на них из Искера. Попадут казаки между двух огней...

—Не могу, Хан-Сеид, — отвечал хан Кучюм, опуская свою седую голову. — Кровь между нами стоит... Когда московские воеводы выгонят Сейдяка из Искера, тогда и я ударю на казаков. А кость Ибака никогда не срастётся с костью Тайбуги...

Удивили хана Кучюма слова Хан-Сеида, а также и то, что его собственные советники промолчали. Неужели он, слепой старик, останется один в степи?.. Пусть будет так как будет, а он, слепой хан Кучюм, не помирится ни с ногаями, ни с казаками. Под Искером кипит жестокая сеча: бьются московские воеводы с Сейдяком, и льётся казацкая кровь вместе с ногайской. Но изнемогли ногаи, ворвались в Искер казаки, — и попал в плен молодой Сейдяк, как орлёнок с подбитым крылом. Ушли ногаи в свою степь, а московские воеводы недосчитались головы последнего атамана Мещеряка...

— Теперь наша очередь, — говорит мурза Карача. — В Искере нам не взять казаков, а выманим их в степь...

Смелее голодного волка мурза Карача. С небольшим отрядом он идёт прямо под Искер и задирает отдыхающих казаков. Но крепко засели московские воеводы в Искере и не поддаются хитрости Карачи. Ждёт слепой Кучюм у озера Чили-Куль месяц, ждёт другой, а мурза Карача всё ещё не показывается.

— Себя обманет Карача, — ворчит столетний Кукджу, — Москва хитрит...

Каждый день рано утром выходит столетний Кукджу далеко в степь, припадает к земле ухом и слушает: под землёй слышит он знакомый стон — это жалуется буйный Иртыш. Нехороший знак, но Кукджу молчит, чтобы не смущать напрасно храбрых. Ещё будет пролито много крови — и чужой, и своей. А слепой хан Кучюм горит нетерпением помериться силой с московскими воеводами... Около него все три жены и жёны его мурз и улусников: храбрее будут биться татары, чтобы не отдать казакам самого дорогого.

— Эй, вы, московские вороны! — кричит мурза Карача, гарцуя под Искером на своём лучшем иноходце. — Забрались в чужое гнездо и носу показать не смеете... Выходите. храбрецы, в поле, померяемся силой. Я убил атамана Кольцо, я убил атамана Ермака и вас убью...

Не стерпели московские воеводы и вышли ив Искера ночью. Мурза Карача ждал их и притворился трусом. Побежал Карача к Чили-Куль и повёл прямо казаков на самого Кучюма... Но хитрее оказались московские воеводы: разделили они казаков на две части—одна пошла в погоню за Карачей, а другая с тыла обходила Чили-Куль.

—Застонала земля, хан,—говорит столетний Кукджу хану Кучюму.—Бежит Карача, а за ним гонятся казаки.

Стоит хан Кучюм на холме и ждёт последней битвы. С одной стороны его поддерживает Хан-Сеид, а с другой—шаман Кукджу. Татарское войско сошлось у озера, совсем готовое к битве. Последний сын хана Кучюма, молодой Абдул-Хаир скрылся в засаде. Всё готово; застыло сердце в груди у робких женщин, а земля стонет всё ближе и ближе... Не видят ничего слепые глаза старого Кучюма, но всё слышит его волчье ухо... Вот горячий скок татарских степных лошадей, вот дикий крик Карачи, лязг скрестившихся сабель и стоны раненых. Бежавший от казаков Карача повернул свой отряд к ним лицом и врубился в самую середину.

—Молодец Карача!..—повторяет слепой Кучюм.—Я слышу, как он рубит казаков... Пусть теперь Ураза-Магмет ведёт правое крыло на выручку Караче.

Хан махнул рукой, и киргизский царевич Ураза-Магмет полетел в битву. Напиравшие на Карачу казаки дрогнули от этого натиска, а передние ряды попятились. Слышит хан Кучюм, как смешались казаки, а бешеный Ураза-Магмет рубит направо и налево. Но что это? Опять собрались казаки и напирают на Карачу. Ураза-Магмет врубился слишком далеко и не может поспеть на помощь Караче, а старый мурза бьётся один против пятерых.

—Отчего я не слышу голоса Карачи?—спрашивал хан Кучюм стоящего около него хана Сеида.—Жив ли он?

—Нужно выпустить засаду, хан...

Второй раз махнул рукой хан Кучюм, и вылетел со своей

засадой Абдул-Хаир, точно пущенная из лука стрела. Дрогнули казаки от радостного татарского крика, смешались и побежали. Радостно крикнул и слепой хан Кучюм, услышав знакомый победный клик, и поднял обе руки к верху как стоял на молитве. Но рано обрадовался слепой хан Кучюм... Обманули его казаки своим притворным бегством, как обманывал их раньше мурза Карача: расступились казаки и засада Абдул-Хаира пролетела дальше, а когда казаки сомкнулись— татарское войско было уже разделено. Отдельно бились все: и мурза Карача, и Ураза-Магмет, и Абдул-Хаир. Но это была ещё только половина беды: из-за озера поспевала казацкая засада, вихрем летевшая прямо на холм, где стоял сам хан Кучюм.

—Бежим, хан!—кричал Кукджу, подводя Кучюму верховую лошадь.

—Я не хочу бежать, когда других бьют...—отвечал неустрашимый хан.—Пусть и меня убьют!..

Поздно заметил мурза Карача грозившую хану Кучюму опасность, но всё-таки полетел навстречу казацкой засаде, и ещё раз хан Кучюм услышал голос храбрейшего из своих мурз. Казаки давно заметили ханскую ставку и летели к дорогой добыче; дорого бы дал белый царь за пленного хана Кучюма... Близко казаки, замолк и голос Карачи, а хан Кучюм всё не двигается и всё стоит с поднятыми руками, ожидая смерти. Разбежались все в страхе, и около слепого хана Кучюма остались только: Сайхан-Доланьгэ, шаман Кукджу, да святой Хан-Сеид. Когда казаки уже вынеслись на холм к ханской ставке, Хан-Сеид протянул свои руки над головой Кучюма, и сделались они все четверо невидимыми: слепой хан Кучюм, Сайхан-Доланьгэ, шаман Кукджу и сам Хан-Сеид.

Великая беда случилась и великое чудо!

X

Последний сын хана Кучюма, молодой Абдул-Хаир, киргизский царевич Ураза-Магмет и старый мурза Карача попали в плен, а с ними вместе и две ханши, две красавицы, Симбула и Сузгэ. Остальные были перебиты, уведены в Искер пленниками или разбежались по степи как зайцы. Пока стояла в степи кость Ибака, зелёная степная трава ещё не видала такого горя... Но этого мало: те, кого не взяли в плен казаки, сами пришли в Искер с повинной. Так передался белому царю старейший из ханских советников Чин-мурза, а с ним пришла в Искер неутешная Кюн-Арыг.

—Мне бы хоть один раз взглянуть на Махметкула,—объясняла мать батыря,—всего один раз... А больше мне нечего ждать. кроме смерти.

С честью принимали московские воеводы этих знатных перебежчиков и с честью отправили в Москву, вместе с пленниками и пленницами. Лучший цвет Искера ушёл с ними, и в степи оставался один слепой хан Кучюм, которого не могли взять ни хитростью, ни лаской, ни силой. Далеко в верховьях Иртыша скрывался слепой хан, а с ним скрывалась красавица-ханша Сайхан-Доланьгэ. Страшную бурю уносила в себе молодая ханша с побоища на Чили-Куль: в ней, в Сайхан-Доланьгэ, таилась река крови, которая должна пролиться, страшная неволя врагов и зарево пожарищ. Уносила в себе красавица-ханша и двух близнецов, двух Кучюмовичей. Нет, не умрёт волчья кровь слепого хана Кучюма, а с ней не умрёт и заклятая вражда к русским, ко всякому, кто протянет руку в степь. По вечерам долго сидит у огонька молодая ханша Сайхан-Доланьгэ, сидит и поёт свою любимую "Песню о соломинке", а слепой хан Кучюм горько плачет...

—Было у тебя пять сыновей,—поёт Сайхан-Доланьгэ,—как пять пальцев на руке... А теперь не осталось ни одного. Не печалься,

137

мой хан: двух сыновей рожу я тебе, двух Кучюмовичей. Огнем пройдёт кость Ибака по степи...

Бережёт слепой хан Кучюм молодую ханшу, а их обоих берегут Хан-Сеид и шаман Кукджу как две схватившихся руки. Четверо их, и никого они не боятся: пусть отдохнёт хан Кучюм, пусть поёт свои песни Сайхан-Доланьгэ. То в лесу они живут, то в степи, а больше всего любит молодая ханша крутой берег пенистого Иртыша. Здесь нашёл Кучюма посол московских воевод из Искера и сказал:

— Хан Кучюм, лучше тебе покориться белому царю, чем одному скитаться в степи... Твои сыновья и жёны в плену, мурзы и советники перебиты или тоже в плену; не на что тебе больше надеяться. А белый царь тебя пожалует своей милостью, как и других ханов и князей...

— Белый царь — мой брат, и я не отдавал ему сибирского царства, — гордо отвечал хан Кучюм. — Если у меня взяли силой Искер, то это так нужно: Бог велик. Так и скажите моему брату, белому царю! Когда я был в счастье, то не хотел ему покориться, а в несчастье покоряются только трусы.

Посол посмотрел на слепого хана с сожалением, но Хан-Сеид сказал ему:

— Ты рано пожалел хана Кучюма... Да. Он сильнее ваших московских воевод. Оставайся до вечера и сам увидишь.

Улыбнулся посол словам ханского советника, но всё-таки остался посмотреть на силу слепого хана Кучюма. Это было на крутом берегу Иртыша, — правый берег крутой, а левый разлёгся степью. Сидит посол у ханской ставки и видит: вышла молодая ханша Сайхан-Доланьгэ на берег, переплыла пенившуюся реку на деревянном плоту и пошла в степь. Идёт красавица-ханша по степи, рвёт траву и полными горстями бросает по обе стороны. За ней идёт шаман Кукджу и шепчет заклинания над сорванной травой.

—Ты видишь, что делает красавица-ханша?—спрашивает Хан-Сеид.

—Вижу: ходит по степи да рвёт траву...

—Смотри теперь, что будет дальше.

—Смотрю...

Долго ходила Сайхан-Доланьгэ по степи, пока не исчезла из виду. А посол всё смотрит... Пропал вместе с ней и столетний шаман Кукджу. Тогда Хан-Сеид поднял обе руки к верху, закрыл глаза и дунул в степь. Свершилось великое чудо на глазах посла: зашевелилась сорванная ханшей трава как живая... Где-то ударили в большой бубен—и вышли большие люди; ударили в малые бубны—вышли простые джигиты. Сколько сорвано было ханшей травы, столько вышло в поле и джигитов. Весело развеваются конские хвосты на высоких копьях, ржут кони, бьют бубны, а войско всё прибывает... Насколько хватал глаз—везде из земли выходили джигиты. Страшно стало послу, а Хан-Сеид опять поднял руку к верху, дунул—и войско пропало.

—Иди в Искер и скажи своим воеводам, что видел своими глазами,—объявил ему Хан-Сеид.—Много ещё силы у слепого хана Кучюма...

Так и сказал посол в Искере, а воеводы распустили слух, что ногаи зарезали слепого хана. Неправда это: жив старый хан Кучюм и сейчас, он бродит по степи с невидимым войском. Где он прошёл—там лежит трава, сорванная ханшею Доланьгэ. Один он остался, потому что один не изменил своей матери-степи и искал честной смерти в открытом бою с врагом. Вот почему, где будет в степи стоять кош и где будет куриться живой огонёк, там будет петься и слава старому хану Кучюму, красавице-ханше Сайхан-Доланьгэ и грозным Кучюмовичам!

*9 781644 397695 *